面向社交网络的社区搜索技术

宋晓旭　姜俊伊　鄢瑞　著

辽宁人民出版社

© 宋晓旭　姜俊伊　鄢瑞　2025

图书在版编目（CIP）数据

面向社交网络的社区搜索技术 / 宋晓旭，姜俊伊，鄢瑞著. -- 沈阳：辽宁人民出版社，2025. 5. -- ISBN 978-7-205-11507-4

Ⅰ. C912.3

中国国家版本馆CIP数据核字第202541BF09号

出版发行：辽宁人民出版社
　　　　　地址：沈阳市和平区十一纬路 25 号　邮编：110003
　　　　　电话：024-23284325（邮　购）　024-23284300（发行部）
　　　　　http://www.lnpph.com.cn
印　　　刷：辽宁新华印务有限公司
幅面尺寸：165mm×235mm
印　　张：11.25
字　　数：190千字
出版时间：2025年5月第1版
印刷时间：2025年5月第1次印刷
责任编辑：青　云
装帧设计：G-Design
责任校对：吴艳杰
书　　号：ISBN 978-7-205-11507-4
定　　价：68.00元

目　录

导　论

本书以面向社交网络的社区搜索技术为背景，介绍了社交网络社区搜索技术研究现状、基于 k 核的社区搜索，以及支持结构扩展的社区搜索、支持属性匹配的 Top-R 社区搜索和支持属性覆盖的最大核社区搜索等三个研究工作。

第一章为社交网络社区搜索技术。本章首先介绍了社交网络的发展和特点，其次介绍了社交网络搜索的应用场景，最后介绍了社交网络搜索中常用的数据集。

第二章为图论。本章介绍了图结构、图的计算机表示、图的遍历方式等内容。

第三章为社交网络社区搜索技术研究现状。本章系统地介绍了面向社交网络的社区搜索技术研究工作，主要介绍了基于非属性图结构的社区搜索问题和基于属性图结构的社区搜索问题的研究现状，并总结了相关工作中存在的瓶颈。

第四章为基于 k 核的社区搜索。本章按照基于 k 核社区搜索类型分别介绍了基于无向图的 k 核社区搜索、基于有向图的 k 核社区搜索、基于关键字属性图的 k 核社区搜索、基于地理位置属性图的 k 核社区搜索和基于影响力的 k 核社区搜索等内容。

第五章提出支持结构扩展的社区搜索方法。首先，分析了现有图添边查询社区搜索研究现状，基于图结构扩展和图规模扩展社区搜索的特点，给出了结构扩展的社区搜索（SGEQ）问题定义。其次，提出了一种基于最多连接边算法（MCEA），并且进一步设计了一种性能更好的算法，即基于最大贡献度算法

（MCDA）。最后，在真实数据集上进行了大量实验来证明上述提出的两种算法的有效性和效率。

第六章研究支持属性匹配的 Top-R 社区搜索的特点。首先，对属性匹配的 Top-R 社区搜索（TKACS）问题进行问题定义描述。其次，提出了基于关键字匹配算法（KA）作为基础算法。再次，为了更快地完成社区搜索，又提出了基于倒排索引算法（IIA）。最后，进行了大量的实验证明提出算法的有效性和效率。

第七章研究支持属性覆盖的最大核社区搜索问题。首先，对属性覆盖的最大核社区搜索（KGEC）问题进行了形式化定义。其次，提出基于一种基础算法，即枚举法算法（EGA）。再次，提出了两种算法，即基于候选集算法（CSBA）及基于候选集和属性匹配联合算法（CSKCA）。最后，在真实数据集上进行了大量实验来证明上述提出的三种算法的有效性和效率。

第一章　社交网络社区搜索技术简介

一、社交网络

社交网络是一个涉及人们之间相互连接和互动的网络结构。这个概念最早由 J.A. Barnes 在 1954 年提出。一个典型的社交网络通常包含约 150 个节点，平均规模大约是 124 个节点。

社交网络的起源可以追溯到网络社交的早期形式，而网络社交的发展则始于电子邮件技术。互联网最初是作为计算机之间的连接工具而设计的，电子邮件成功解决了远程通信的问题，并迅速成为互联网上的主流应用。

接着，BBS（电子公告板系统）进一步推动了网络社交的发展，通过实现信息的群发和转发功能，使得人们能够更广泛地进行交流。随后，即时通信（IM）和博客（Blog）等工具提供了更高效的沟通方式和更个性化的内容发布平台，从而进一步推动了网络社交的演进。

社交网络的发展经历了几个关键阶段：从早期的概念化（如 Six Degrees 的六度分隔理论）、结交陌生人（如 Friendster 建立弱关系）、娱乐化（如 MySpace 的多媒体个性化空间）到社交图（如 Facebook 模拟线下人际网络）和云社交阶段。

网络社交的核心动力是降低人们社交的时间和物质成本，提供更加便捷和高效的沟通方式。此外，网络社交还努力满足人们日益增长的社交需求，从增量性的娱乐到常量性的生活。

虽然网络社交已经广泛应用，但它仍然是传统社交的有益补充。实际上，真正深入了解和认识一个人还是需要通过面对面的接触。网络社交的发展可能会朝着更加接近真实社交体验的方向发展，例如远程全息"面对面"交流技术。

总的来说，社交网络不仅是一个技术和商业模式的演变，更是互联网与现实世界相互融合的重要推动力量。它不仅扩展了互联网的应用范围，还将人们连接在一个更加紧密和互动的网络空间中。

（一）社交网络发展史

社交网络的发展经历了多个阶段，从最早的在线社区到今天的多元化社交媒体平台。以下是社交网络的主要发展历程。

1. 早期社交网络（20世纪初至20世纪末）：这个阶段的社交网络主要是基于面对面的社交，包括家庭、亲戚、邻里关系，以及通过学校、工作场所等建立的社交关系。这个阶段没有互联网的参与，社交主要基于地理位置和实际社交圈。

2. 在线社交网络的初现（20世纪90年代初至21世纪初）：随着互联网的兴起，一些早期的在线社交网络开始出现，如SixDegrees.com、BBS和CompuServe等。这个时期的社交网络更多地关注在线个人档案和连接朋友，平台提供了用户在特定主题上交流的空间。这个时期，社交网络的关键事件如下：

20世纪90年代初：学者提出了六度分隔理论，认为地球上的任何两个人之间都存在通过6个中间人相互连接的可能性。这为后来社交网络的发展奠定了理论基础。

1991年，伯纳斯·李经过多年实践和改进，创办了以"超链接"为特征的万维网（WWW）。

1994年，斯沃斯莫尔学院（Swarthmore College）学生Justin Hall建立自己的个人站点"Justin's Links from the Underground"，与外部网络开始互联。Justin Hall把这个站点更新了11年，因此被称为"个人博客元勋"。

1995 年，Classmates.com 成立，旨在帮助曾经的幼儿园同学、小学同学、初中同学、高中同学、大学同学重新取得联系；Classmates.com 在 2008 年的时候还拥有 5000 万会员，到 2010 年才跌出社交网站 TOP10。

1996 年，早期搜索引擎 Ask.com 上线，它允许人们用自然语言提问，而非关键词（比如："今天上映什么电影"，而不是"10 月 23 日电影上映"）。

1997 年，美国在线实时交流工具 AIM 上线。这一年，一位名为 Jorn Barger 的先锋博客作者创造了"weblog"一词。

1998 年，在线日记社区 Open Diary 上线，它允许人们即使不懂 HTML 知识也可以发布公开或私密日记。更重要的是，它首次实现了人们可以在别人的日志里进行评论回复。

1999 年，博客工具 Blogger 和 LiveJournal 出现；后来 Blogger 在 2003 年被 Google 收购。

2000 年，Jimmy Wales 和 Larry Sanger 共同成立 Wikipedia，这是全球首个开源、在线、协作而成的百科全书，完全不同于《大英百科全书》的编撰方式。Wiki 的用户在第一年就贡献了 20000 个在线词条。

2001 年，Meetup.com 网站成立，专注于线下交友。网站的创建者是 Scott Heiferman，"9·11"事件以后，他成立了 Meetup.com 来帮助人们互相联系——而且不只是线上的。Meetup.com 是一个兴趣交友网站，他鼓励人们走出各自孤立的家门，去与志趣相投者交友、聊天。

3.Friendster 和 MySpace 时代（2000 年至 2005 年）：Friendster（2002 年）和 MySpace（2003 年）是早期受欢迎的社交媒体平台，它们允许用户创建个人页面、添加朋友，并共享照片和音乐。

4.Facebook 的崛起（2004 年）：Mark Zuckerberg 于 2004 年创建了 Facebook，最初面向大学生。Facebook 通过提供清晰的用户界面、采用实名制和关注真实人际关系的理念，成为社交网络领域的领导者。

5. 微博和微信时代（2006 年至今）：微博和微信等移动社交平台在这一阶段崛起。微博允许用户通过短消息分享信息，微信则通过聊天、朋友圈等功能提供更多社交和移动支付的服务。在这一阶段，一些早期的微博移动社交平台开始出现，如 Twitter、Spotify 和 Tumblr 等，它们以其独特的微博形式和实时性而受到欢迎。

6. 社交媒体多元化（21 世纪 10 年代）：21 世纪 10 年代见证了社交媒体的多元化。Instagram（2010 年）以图片分享为主，Pinterest（2010 年）则以图钉分享兴趣爱好等。随着智能手机的普及，移动社交网络如 Snapchat（2011 年）和 TikTok（2018 年）崭露头角。

7. 虚拟社交和元宇宙（21 世纪 20 年代）：进入 21 世纪 20 年代，虚拟社交和元宇宙的概念逐渐崭露头角，人们开始在虚拟环境中进行更丰富的社交互动。

社交网络不仅改变了人们的社交方式，还对政治、商业、文化产生了深远的影响。社交网络在信息传播、社会运动和品牌推广等方面发挥着重要作用。

社交网络的发展历程仍在不断演进，新的平台和功能不断涌现，塑造着人们在线社交的方式。随着技术的进步和社会需求的变化，社交网络将继续发挥重要作用，并适应不断变化的用户习惯和趋势。社交网络的发展历程显示了技术和社会的相互作用，以及用户对不同功能和形式的需求的演变。未来，社交网络可能会在虚拟现实、增强现实等领域取得更多创新。

（二）社交网络服务

社交网络服务（social networking service）或社交网络站点（social networking site, SNS）是一种在线社交媒体平台，人们可以通过它来建立与其他人分享类似个人或职业内容、兴趣、活动、背景或现实生活联系的社交网络或社交关系[6-8,114,115]。大多数社交网络都提供多种让用户互动和交流的方式，如聊天、发邮件、影音、文件分享、博客等[115]。

社交网络服务在格式和功能数量上各不相同。它们可以结合一系列新的信息和通信工具，在台式机和笔记本电脑上运行，在移动设备如平板电脑和智能手机上运行。开发人员和用户有时会将网络社区服务视为社交网络服务，尽管在更广泛的意义上，社交网络服务通常提供以个人为中心的服务，而在线社区服务则以团体为中心。社交网络站点通常定义为"促进创建联系网络以在线交换各种类型内容的网站"，它提供了一个空间，使互动能够继续超越面对面的互动。这些计算机介导的互动将各种网络的成员联系在一起，并可能有助于创建、维持和发展新的社会和专业关系[5]。

社交网络站点允许用户分享想法、数字照片和视频、帖子，并向其社交网络中的其他人通知在线或现实世界活动和事件。虽然面对面的社交网络，如聚集在村庄市场上谈论事件，自城镇最早发展以来就存在[116]。但网络使人们能够与居住在全球不同地点的其他人联系（取决于是否有互联网连接）。根据平台的不同，成员能够联系任何其他成员。在其他情况下，成员可以联系他们有联系的任何人，随后任何该联系人有联系的人，以此类推。社交网络服务的成功可以从它们在当今社会的主导地位中看出，Twitter 是一个社交网络平台，提供实时活动，如联系任何人（包括朋友），以 "tweets" 的形式分享他们的照片、视频和文本。Facebook 在 2017 年拥有巨大的 21.3 亿月活跃用户和平均 14 亿每日活跃用户[117]。LinkedIn 是一种面向职业生涯的社交网络服务，通常要求成员在现实生活中亲自认识另一名成员才能在线联系他们。有些服务要求成员拥有预先存在的联系才能联系其他成员。后来 Zoom 这个视频会议平台占据了重要地位，连接了世界各地的人，并促进了许多在线环境，如学校、大学、工作和政府会议。

社交网络服务的主要类型包括类别地点（如年龄、职业或宗教）、与朋友联系的方式（通常带有自我描述页面）和与信任相关的推荐系统。社交网络服务可以分为四类[118]。

1. 社交化社交网络服务，主要用于与现有朋友或用户（如 Facebook、Instagram、Twitter）进行社交。

2. 在线社交网络，是分散和分布式计算机网络，用户通过互联网服务相互通信。

3. 网络社交网络服务，主要用于非社交人际沟通（如 LinkedIn，面向职业和就业的站点）。

4. 社交导航社交网络服务，主要用于帮助用户查找特定信息或资源（如 Goodreads、Reddit）。

（三）社交网络特点

社交网络是指通过互联网连接人与人之间关系的平台或服务。这些网络允许用户创建个人档案、分享信息、建立社交连接并与其他用户进行互动。社交网络的形式多种多样，包括传统的社交媒体平台、专业网络、在线社区等。

社交网络具有许多特点，这些特点影响了人们的社交互动、信息传播和在线体验。以下是社交网络的一些主要特点。

1. 用户生成内容：社交网络的主要特征之一是用户生成的内容。用户可以发布文字、图片、视频等各种形式的内容，共享他们的观点、经验和生活。

2. 实时性：很多社交网络是实时更新的，用户可以即时查看其他用户的动态、发表评论，这使得信息在网络上快速传播。

3. 个人资料：用户在社交网络上可以创建个人资料，包括个人信息、兴趣爱好、职业等。这些资料帮助建立用户的在线身份。

4. 社交连接：社交网络通过关注、添加好友、连接等机制，帮助用户建立社交关系。用户可以与朋友、家人、同事等保持联系。

5. 隐私问题：社交网络涉及用户的个人信息和隐私，因此隐私问题一直是社交网络的关键问题之一，平台需要努力保护用户的隐私权益。

6. 多媒体分享：社交网络不仅限于文字，还包括图片、视频等多媒体内容的分享，这丰富了用户之间的交流方式。

7. 社交媒体算法：社交网络使用复杂的算法来呈现用户感兴趣的内容，这些算法基于用户的行为、兴趣和社交网络结构，以提高用户体验。

8. 互动性：社交网络强调用户之间的互动，通过点赞、评论、分享等方式促进用户之间的交流和参与。

9. 广告和商业化：许多社交网络通过广告和商业合作实现盈利。广告商可以通过社交网络定向投放广告，将广告展示给特定目标受众。

10. 多平台接入：社交网络通常提供多平台接入，允许用户通过计算机、智能手机、平板电脑等设备随时随地访问和使用。

11. 社交影响：社交网络对个人和社会产生重要影响，包括影响消费决策、形成舆论、参与社会运动等。

　　这些特点共同塑造了社交网络的面貌，使其成为人们在数字时代社交、分享和获取信息的重要平台。然而，随着社交网络的不断发展，也涌现出一些挑战和争议，如隐私问题、信息过滤和虚假信息等。

二、社区搜索

　　社区在自然和社会中是无处不在的。社区作为网络的基本构建单元，人们已经在它们的自动检测方面进行了大量的工作。与社区检测相反，社区搜索的目的是找到满足给定查询条件的社区。在过去的十年里，社区搜索技术取得了显著的进展，通过利用局部网络属性并将给定查询中的约束纳入考虑，克服了全局社区检测的昂贵计算。

　　社区搜索是指在特定社区或在线平台中进行内容搜索的过程。这可以涵盖各种社区，包括社交媒体平台、专业论坛、在线群组等。社区搜索旨在帮助用户在特定社区中找到他们感兴趣的信息、用户或进行讨论。

　　社区搜索在不同的平台和社区中都有其特定的实现方式，但其核心目标始终是帮助用户更有效地找到与他们兴趣相关的内容，从而增强社区内的互动和信息共享。以下是对提供的应用场景的改进和概括。

（一）活动组织

　　科学家在组织研讨会时，通过邀请与活动主题相关且具有合作关系的专家，可以提高活动的质量和成功率。

（二）标签建议

　　在社交媒体平台上，通过分析标签的共现关系，系统可以为新上传的内容提供与初始标签相关且紧密相连的标签建议，从而提高内容的可发现性。

（三）蛋白质发现

生物学家可以利用蛋白质—蛋白质相互作用网络，筛选并研究可能与特定基因调控过程相关的蛋白质候选列表。

（四）空间任务外包

在分配与空间位置相关的任务时，通过地理社交社区搜索，可以选择覆盖所有任务位置的工作者，并确保他们之间有良好的合作关系以提高任务效率。

（五）学术研究社区发现[9,40,41,119]

通过社区搜索，可以连接具有相似研究兴趣的学者，促进学术合作和知识共享。

（六）有影响力的群体搜索[13]

识别在社交网络中具有重要影响力的群体，有助于理解信息传播和社交动态。

（七）社交圈发现[40,120]

分析社交网络数据，找出具有相似兴趣或活动的个体，从而加强社交互动。

（八）模糊名字识别[121]

消除或纠正模糊或重复的名称，以准确标识和分类实体。

（九）词语不同含义的分析[121]

通过上下文和关联性分析，理解词语在不同场景或语境中的多重含义。

这些应用展示了社区搜索在多个领域中的广泛应用性和重要性，有助于解决各种复杂问题和优化各种任务。

三、数据集

本书介绍了两种类型的数据集，包括真实社交网络数据集和真实社区图，并且介绍了评估指标，这有助于进一步研究和评估社区搜索的研究思路。本书中所有数据集都来自 https://snap.stanford.edu/data/[①]。

（一）社交网络数据集

社交网络数据集是用于研究和分析社交网络的数据集合。这些数据集通常包括用户之间的连接关系、用户的个人信息以及用户生成的内容等。社交网络数据集统计展示如表 1.1 所示，下面简单介绍一下其中部分数据集。

1.Facebook 数据是从使用这款应用程序的调查参与者那里收集而来的。数据集包括节点特征（个人资料）、圈子和自我网络。通过将每个用户的 Facebook 内部 ID 替换为一个新值，Facebook 数据已经匿名化。

2.Gplus 数据集由来自"Google+ 的""圈子"组成。"Google+"的数据是从使用"分享圈子"功能手动分享圈子的用户那里收集来的。数据集包括节点特征（配置文件）、圈子和自我网络。

3.Twitter 数据集由来自 Twitter 的"圈子"（或"列表"）组成。Twitter 的数据是从公共资源中抓取的。数据集包括节点特征(配置文件)、圈子和自我网络。

表 1.1　社交网络数据集

数据集名称	节点数	连边数
ego-Facebook	4,039	88,234
ego-Gplus	107,614	13,673,453
ego-Twitter	81,306	1,768,149
soc-Epinions1	75,879	508,837
soc-LiveJournal1	4,847,571	68,993,773
soc-Pokec	1,632,803	30,622,564

---

① 该网站是斯坦福大学的大型网络数据集网站。

数据集名称	节点数	连边数
soc-Slashdot0811	77,360	905,468
soc-Slashdot0922	82,168	948,464
wiki-Vote	7,115	103,689
wiki-RfA	10,833	159,388
gemsec-Deezer	143,884	846,915
gemsec-Facebook	134,833	1,380,293
soc-RedditHyperlinks	55,863	858,490
soc-sign-bitcoin-otc	5,881	35,592
soc-sign-bitcoin-alpha	3,783	24,186
comm-f2f-Resistance	451	3,126,993
musae-twitch	34,118	429,113
musae-facebook	22,470	171,002
act-mooc	7,143	411,749
musae-github	37,700	289,003
feather-deezer-social	28,281	92,752
feather-lastfm-social	7,624	27,806
twitch-gamers	168,114	6,797,557
congress-Twitter	475	13,289

这些数据集在社交网络、数据挖掘、机器学习等领域研究中被广泛使用。使用这些数据集，可以帮助研究者更好地理解社交网络结构、用户行为和信息传播模式。

（二）社区搜索数据集

社区搜索的研究是由现实世界的应用驱动的。来自这些应用程序的数据集的可用性，或者与它们非常相似的现实世界数据集，对于验证关于社区在各种条件下如何在实践中形成模型非常重要。

本部分介绍了一些公开可用的数据集，这些数据集具有该领域研究人员使用的真实社区。社区搜索数据集是用于研究和开发社区搜索算法的数据集，这些数据集通常包含有关网络结构、社区关系和查询信息的数据，用于评估社区搜索算法的性能。真实社区数据集统计展示如表1.2所示，下面简单介绍一下其中部分数据集。

1.LiveJournal 是一个免费的在线博客社区，用户可以在这里互相宣布友谊。LiveJournal 还允许用户组成一个小组，其他成员也可以加入。LiveJournal 提供了友谊社交网络和真实社区。我们把一个群体中每一个相互联系的组成部分看作是一个独立的基于事实的群体。LiveJournal 还提供了在我们的书中描述的最高质量的前 5000 个社区。

2.DBLP 计算机科学参考书目提供了计算机科学研究论文的全面列表。DBLP 构建了一个共同作者网络，如果两位作者一起发表了至少一篇论文，他们就被连接在一起。出版场所，如期刊或会议，定义了一个单独的基础真理社区；在某一期刊或会议上发表文章的作者形成了一个社区。

3. 网络是通过爬取亚马逊网站收集的。它是基于购买此物品的顾客也购买了亚马逊网站的功能。如果产品 i 经常与产品 j 共同购买，则该图包含一条从 i 到 j 的无向边。亚马逊提供的每个产品类别定义了每个真实社区。

表 1.2　真实社区数据集

数据集名称	节点数	连边数	社区数
com−LiveJournal	3,997,962	34,681,189	287,512
com−Friendster	65,608,366	1,806,067,135	957,154
com−Orkut	3,072,441	117,185,083	6,288,363
com−Youtube	1,134,890	2,987,624	8,385
com−DBLP	317,080	1,049,866	13,477
com−Amazon	334,863	925,872	75,149
email−Eu−core	1,005	25,571	42
wiki−topcats	1,791,489	28,511,807	17,364

这些数据集提供了不同领域和情境下的社区搜索问题的案例，帮助研究者评估和改进社区搜索算法的性能。但是，在使用这些数据集时，应确保遵循相关的使用规定和隐私保护原则。

四、社区搜索评价指标

社区搜索的评价指标可以涉及多个方面，包括搜索结果的质量、查询处理效率、用户满意度等。以下是一些可能用于评价社区搜索的指标。

（一）相关性

衡量搜索结果与用户查询的相关性。相关性评价指标包括准确度（Precision）、召回率（Recall）和 F1 分数等。这些指标帮助评估搜索系统是否能够提供与用户期望相关的内容。

1. 准确性（Precision），表示社区搜索返回的结果中有多少是与用户查询相关的。计算公式为：

$$Precision = \frac{相关结果数}{总结果数} \qquad （公式 1.1）$$

2. 召回率（Recall），表示社区搜索成功找到了与用户查询相关的结果的比例。计算公式为：

$$Recall = \frac{相关结果数}{相关结果总数} \qquad （公式 1.2）$$

3. F1 分数，表示综合考虑准确性和召回率的综合度量。计算公式为：

$$F1 = \frac{2 \times Precision \times Recall}{Precision + Recall} \qquad （公式 1.3）$$

（二）相似度

评估搜索社区跟关键字相似度，用于衡量搜索结果的排序质量。

$$sim(\text{社区 } G, \text{查询关键字 } K) = \frac{1}{n} \sum_{1 \leq i \leq n} \frac{K \cap \kappa(u_i)}{K \cup \kappa(u_i)} \qquad （公式 1.4）$$

（三）搜索速度和效率

衡量社区搜索系统从接收用户查询到返回结果所花费的时间。短的查询响应时间通常被认为是更好的用户体验。

（四）多样性

衡量搜索结果的多样性，确保用户获取的信息不过于集中在特定主题或来源上。多样性评价可以通过覆盖不同主题、来源或观点来衡量。

（五）用户满意度

通过用户调查、反馈或其他方式来收集用户对社区搜索结果的满意度信息。

这些评价指标综合考虑了搜索系统的性能、用户体验和结果质量，有助于优化社区搜索系统，从而满足用户需求。评估过程通常需要综合使用多种方法，包括定量分析、用户反馈和实际使用数据的监测。

小结

本章主要介绍了社交网络社区搜索技术的基本概念、发展历程、特点及其相关数据集和评价指标。首先，社交网络作为一种连接人与人之间关系的平台，经历了从早期的电子邮件、BBS 到现代的 Facebook、Twitter 等多元化社交媒体的演变。社交网络的核心在于降低社交成本，提供便捷的沟通方式，并满足人们日益增长的社交需求。尽管网络社交已经成为日常生活的重要组成部分，但它仍然是传统社交的有益补充，未来可能会朝着更加接近真实社交体验的方向发展。

社交网络的特点包括用户生成内容、实时性、个人资料、社交连接、隐私问题、多媒体分享、社交媒体算法、互动性、广告和商业化、多平台接入以及社交影响等。这些特点共同塑造了社交网络的面貌，使其成为人们在数字时代社交、分享和获取信息的重要平台。

在社区搜索方面，本章介绍了社区搜索的定义和应用场景。社区搜索旨在帮助用户在特定社区中找到他们感兴趣的信息、用户或进行讨论。社区搜索的应用场景包括活动组织、标签建议、蛋白质发现、空间任务外包、学术研究社区发现、有影响力的群体搜索、社交圈发现、模糊名字识别和词语不同含义的分析等。这些应用展示了社区搜索在多个领域中的广泛应用性和重要性。

此外，本章介绍了社交网络和社区搜索的数据集，并详细列出了部分数据集的统计信息。这些数据集在研究社交网络、数据挖掘、机器学习等领域中被广泛使用，帮助研究者更好地理解社交网络结构、用户行为和信息传播模式。

最后，本章还介绍了社区搜索的评价指标，包括相关性、相似度、搜索速度和效率、多样性以及用户满意度等。这些指标综合考虑了搜索系统的性能、用户体验和结果质量，有助于优化社区搜索系统以满足用户需求。

第二章　图论

图论是数学的一个分支，专注于研究图的结构、性质以及它们之间的相互关系。在图中，节点代表实体，而边则表示实体间的关系，这种抽象表示为我们提供了一个强大的工具，用于理解和分析复杂网络。

图论的核心概念和技术在现代复杂网络研究中起到了关键作用。通过对抽象图的研究，我们能够揭示和理解真实网络中的拓扑特性和结构特点。图论中涉及的核心问题包括图的遍历、寻找最短路径、构建最小生成树、进行拓扑排序以及解决图匹配问题等。这些问题不仅在数学领域中具有重要性，而且在计算机科学、网络设计、社交网络分析等多个领域中都有广泛的应用。特别是在计算机科学领域，图论提供了丰富的理论基础和实用工具，支持模型建立、问题建模、算法设计等关键任务。图论在网络与通信、数据库设计、知识图谱构建、算法与数据结构优化、人工智能与机器学习、计算机视觉、数据库查询优化、计算机安全以及分布式计算等多个子领域中都有重要的应用和价值。

总体而言，图论不仅是一个重要的数学研究领域，还是计算机科学和其他许多学科不可或缺的基础工具和理论框架。

一、图结构

图结构是一种比树形结构更复杂的非线性结构。在树形结构中，节点间具有分支层次关系，每一层上的节点只能和上一层中的至多一个节点相关，但可能和下一层的多个节点相关。而在图形结构中，任意两个节点之间都可能相关，即节点之间的邻接关系可以是任意的[?]。图结构在计算机科学、网络分析、数据挖掘等领域中被广泛应用，用于建模和分析实体之间的复杂关系。

（一）图结构相关概念

网络拓扑结构是用于将各种设备（如计算机）相互连接的传输介质的物理布局。网络的拓扑特性与节点的物理和非物理特性没有任何关系，仅仅与网络中节点个数以及这些节点之间连边有关。拓扑结构研究的重点是抽象出图形的几何结构，从而找出不同网络拓扑结构的相同点和不同点，进而通过网络拓扑结构的性质研究出相对应的算法。近年来，网络科学家力求在各种不同的复杂网络之间寻找它们共有的特点并在此基础上设计出有效的方法。在网络拓扑结构构建中，常见的网络拓扑结构有总线形、星形、环形、树形和网状形。给定一个网络图，图 G=（V, E）可以表示为由节点集 V 和边集 E 组成。节点个数记为 |V|，连边数记为 |E|。E 中每条边都有 V 中两个节点与之相对应。下面介绍一下图结构中相关概念。

1. 节点：表示图中的实体或对象。节点可以代表人、物、概念等。在数学术语中，结点也被称为节点。

2. 连边：表示节点之间的关系。边可以是有向的，表示关系有方向性；也可以是无向的，表示关系没有方向性。在数学术语中，边也被称为边缘。

3. 权重：边上可能有权重，表示节点之间关系的强度或重要性。权重可以用于衡量节点之间的相似性、距离等。

4. 路径：两个节点之间通过边连接的序列称为路径。路径的长度可以通过经过的边的数量或权重之和来表示。

5. 环：一个路径形成一个环，即起点和终点相同的路径。

6. 度：节点的度表示与节点相连接的边的数量。有向图中分为入度和出度。

图结构的表示方法有多种，包括邻接矩阵、邻接表等。图结构在社交网络分析、推荐系统、路径规划等领域中有着重要的应用。社交网络、知识图谱等都可以用图结构来建模和分析。

（二）图的类型

根据在图中的连边有向、无向、有权、无权，可以有四种类型的图。如图 2.1 中所示，图类型可以分为四类：加权有向图、加权无向图、无权有向图和无权无向图。

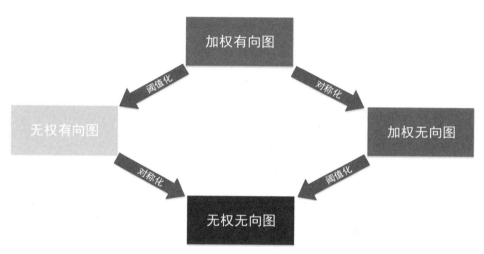

图 2.1　四种类型的图之间的关系

1.加权有向图

如图 2.2 所示，所有连边都是有向的加权边。有向边指节点 u 和 v 之间存在一条从 u 到 v 的连边，那么这条边记作（u，v）。但是，这并不意味着也存在一条连边从节点 v 到节点 u，即（v，u）。对于有向边（u，v）来说，节点 u 称为初始点，节点 v 称为终点。加权边指的是图中的每条连边都具有对应的权值，每条边的权值根据数值的不同代表该条边对应的两个节点之间的联系强度。当两个节点之间存在两条有向边，可能存在这两条边的权重值有所不同的情况。下面用图 2.2 的示例说明社交网络关系。图中分别为用 A、B、C、D、E、F 代表 6 个人，每两个人之间的关系根据关系远近权重分别设置为 1（一般朋友）、

2（好朋友）、3（知己）。图中 A 认为 B 是他的一般朋友，C 是他的好朋友，E 是他的知己，D 和 F 不是他的朋友。在这种情况下，就有节点 A 分别指向节点 B、C、E 的 3 条不同权重的加权有向边。对于 B 来说，节点 A 是他的一般朋友；对于节点 C 来说，节点 A 是他的好朋友；但是，对于节点 D、E、F 来说，节点 A 不是他们的朋友。所以就有了从节点 B 和 C 分别指向 A 的加权有向边。以此类推，可以根据其他人的加权有向边知道每个人的社交关系状态。加权有向图 2.2 表示出 6 个人的社交关系图。

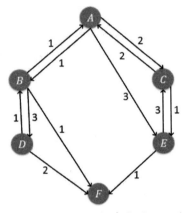

图 2.2　加权有向图

加权有向图在许多实际网络中都有应用。例如，在学术论文引文网络中作者之间论文互相引用对应的就是有向边。引文网络中边的权重值对应于一个作者引用另外一个作者的论文数量。引用论文可能是单向引用，也有可能是双向引用，引用次数不同就会有不同的权重值，即使大多数的论文引用是单向的，按照不同引用次数对应相应的权重值，引用网络也是一个加权有向权重图。

2.加权无向图

加权无向图[12-14]如图 2.3 所示，所有连边都是无向的和加权的。无向连边的含义就是指在图中任意两个节点 u 和 v，连边（u,v）和（v,u）对应于同一条连边。

节点 u 和 v 中没有起始点和终点，两个节点都称为无向边（u, v）的端点。加权无向图可以由加权有向图通过对称化处理方法得到：（1）第一步，将有向图转成无向图。第一种方式是在无向图中节点 u 和节点 v 有连边的情况下，在原来有向图中两个节点存在双向连边，即（u, v）和（v, u）；第二种方式是在无向图中节点 u 和节点 v 有连边的情况下，在原来有向图中两个节点存在单向连边，即（u, v）或者（v, u）。（2）第二步，确定每条连边的权重值。第一种方式是取有向图中两个节点所有权重值之和；第二种方式是取两点之间连边权重值最大或者最小的一个。

下面用图 2.3 的示例说明社交网络关系。图中分别用 A、B、C、D、E、F 代表 6 个人，其中，把社交关系定义为连边双方是朋友关系，根据两人的熟识程度设置权重分别为 1（一般朋友）、2（好朋友）、3（知己）。以图中节点 A 为例，节点 A 与节点 B 是一般朋友，与节点 C 为好朋友，与节点 E 为知己，与节点 D 和 F 不是朋友。以此类推，可以根据其他人的加权有向边知道每个人的社交关系状态。加权无向图 2.3 表示出 6 个人的社交关系图。

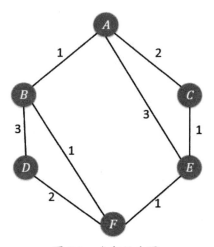

图 2.3　加权无向图

加权无向图在许多实际网络中都有应用。例如，在学术论文合著网络中，作者之间是论文合作关系，对应的就是无向边。其中，每个作者是一个节点，两个作者如果共同发表过文章或者书籍，那么两个节点之间就有一条边，每条边的权重对应两个作者共同合作的论文或者书籍数量。

3.无权有向图

无权有向图[15]如图 2.4 所示，所有连边都是有向和无权的。无权图可以默认为所有连边权重值都为 1 的权重图。无权图可以通过加权图的阈值化得到。具体操作如下：用 Γ 代表阈值变量，将加权图中权重值小于等于 Γ 的加权边全部去掉，权重值大于 Γ 的所有连边都保持不变，剩下的连边组成新的无权社交网络图。以图 2.2 加权有向图的社交网络为例，将阈值设置为 0 并且图中不再考虑朋友之间的亲密度大小，从而得到图 2.4 中的无权有向图。

下面用图 2.4 的示例说明社交网络关系。图中分别用 A、B、C、D、E、F代表 6 个人，每两个人之间的关系权重默认为 1。在这种情况下，就有节点 A 分别指向节点 B、C、E 的 3 条无权有向边。对于 B 来说，节点 A 是他的朋友；对于节点 C 来说，节点 A 也是他的朋友；但是，对于节点 D、E、F 来说，节点 A不是他们的朋友。以此类推，可以根据其他人的无权有向边知道每个人的社交关系状态。无权有向图 2.4 表示出 6 个人的社交关系图。

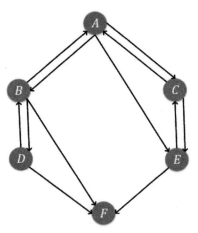

图 2.4　无权有向图

无权有向图在许多实际网络中都有应用。例如，生活中大家用到的微博上面的网络关系就是一个无权有向图的范例。任意两个用户 u 和 v，在微博中会出现四种情况：（1）用户 u 单向关注用户 v；（2）用户 v 单向关注用户 u；（3）

用户 v 和用户 u 互相关注；（4）用户 u 和用户 v 未互相关注。因为微博中可以单向关注，用户 u 关注用户 v 并不代表用户 v 关注用户 u。

4. 无权无向图

无权无向图[13,16-19]如图 2.5 所示，所有连边都是无向和无权的。如果将两个人的社交关系定义为两个人都认为彼此是朋友且不考虑关系亲密度，那么这样的社交网络图就是一个无权无向图。图 2.5 为与图 2.4 无权有向图对应的无权无向图。

下面用图 2.5 的示例说明社交网络关系。图中分别用 A、B、C、D、E、F 代表 6 个人，每两个人之间的关系权重默认为 1，并且朋友之间没有亲密度大小。在这种情况下，就有节点 A 分别与节点 B、C、E 之间 3 条无权无向边，说明节点 A 与其他 3 个人互为朋友。对于节点 D、F 来说，节点 A 不是他们的朋友。以此类推，可以根据其他人的无权无向边知道每个人的社交关系状态。无权无向图 2.5 表示出 6 个人的社交关系图。

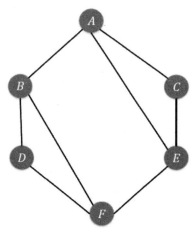

图 2.5　无权无向图

无权无向图在许多实际网络中都有应用。例如，社交网络平台 Facebook 就是典型的无权无向图。社交网站上会定期更新在一段时间内用户的社交关系状态，随着筛选条件不同，社交关系图状态也会随之改变。

二、图的计算机表示

图在计算机中表示的方法有很多种，比较常用的方法有邻接矩阵表示法、关联矩阵表示法、弧表示法、邻接链表表示法、星形表示法。在这节中，主要介绍邻接矩阵表示法和邻接链表表示法。在社交网络图比较稠密的情况下，可以选择邻接矩阵表示法。在社交网络图比较稀疏的情况下，邻接链表表示法更加适用。

（一）邻接矩阵表示法

邻接矩阵表示法是指将网络图以矩阵的方式存储在计算机中。在无权无向图中，任意两节点之间如果有一条连边，则邻接矩阵中用"1"来表示这条连边；如果没有连边，则在邻接矩阵中用"0"来表示。如果邻接矩阵中"0"比较多，邻接矩阵表示法将浪费大量的存储空间，进而增加在整个图中的操作时间。

图 2.6 是与图 2.5 无权无向图对应的邻接矩阵图。在无权无向图中，邻接矩阵之间的连边都用"1"表示，并且邻接矩阵是对称的。用邻接矩阵表示法来表示图的优点是任意两个节点的连接边显而易见，而且通过矩阵分析很容易发现图的性质，可以在图上很容易地进行操作。但是，在很多大规模的网络中图是很稀疏的，为了防止存储空间的浪费，下一节引入了邻接链表表示法。

$$
\begin{array}{c c c c c c c}
 & A & B & C & D & E & F \\
A & 0 & 1 & 1 & 0 & 1 & 0 \\
B & 1 & 0 & 0 & 1 & 0 & 1 \\
C & 1 & 0 & 0 & 0 & 1 & 0 \\
D & 0 & 1 & 0 & 0 & 0 & 1 \\
E & 1 & 0 & 1 & 0 & 0 & 1 \\
F & 0 & 1 & 0 & 1 & 1 & 0 \\
\end{array}
$$

图 2.6　无权无向图邻接矩阵图

在无权有向图中，如果以节点 u 为起始点，节点 v 为终点，在节点 u 和 v 之间存在有向的连边，则邻接矩阵中用"1"来表示这条连边；如果没有连边，则在邻接矩阵中用"0"来表示。

图 2.7 是与图 2.4 无权有向图对应的邻接矩阵图。在无权有向图中，邻接矩阵中存在有向的连边就用"1"表示，邻接矩阵可以不是对称的。

$$
\begin{array}{c@{\ }c}
 & \begin{matrix} A & B & C & D & E & F \end{matrix} \\
\begin{matrix} A \\ B \\ C \\ D \\ E \\ F \end{matrix} &
\begin{bmatrix}
0 & 1 & 1 & 0 & 1 & 0 \\
1 & 0 & 0 & 1 & 0 & 1 \\
1 & 0 & 0 & 0 & 1 & 0 \\
0 & 1 & 0 & 0 & 0 & 1 \\
0 & 0 & 1 & 0 & 0 & 1 \\
0 & 0 & 0 & 0 & 0 & 0
\end{bmatrix}
\end{array}
$$

图 2.7　无权有向图邻接矩阵图

在加权无向图中，如果在节点 u 和 v 之间存在连边，则邻接矩阵中用"权重"来表示这条连边；如果没有连边，则在邻接矩阵中用"∞"来表示，邻接矩阵对角线上的值用"0"来表示。

图 2.8 是与图 2.3 加权无向图对应的邻接矩阵图。在加权无向图中，邻接矩阵中存在有向的连边就用"权重"表示，邻接矩阵必须是对称的。

$$
\begin{array}{c@{\ }c}
 & \begin{matrix} A & B & C & D & E & F \end{matrix} \\
\begin{matrix} A \\ B \\ C \\ D \\ E \\ F \end{matrix} &
\begin{bmatrix}
0 & 1 & 2 & \infty & 3 & \infty \\
1 & 0 & \infty & 3 & \infty & 1 \\
2 & \infty & 0 & \infty & 1 & \infty \\
\infty & 3 & \infty & 0 & \infty & 2 \\
3 & \infty & 1 & \infty & 0 & 1 \\
\infty & 1 & \infty & 2 & 1 & 0
\end{bmatrix}
\end{array}
$$

图 2.8 加权无向图邻接矩阵图

在加权有向图中，如果以节点 u 为起始点，节点 v 为终点，在节点 u 和 v 之间存在有向的连边，则邻接矩阵中用"权重"来表示这条连边；如果没有连边，则在邻接矩阵中用"∞"来表示。

图 2.9 是与图 2.2 加权有向图对应的邻接矩阵图。在加权有向图中，邻接矩阵中存在有向的连边就用"权重"表示，邻接矩阵不一定是对称的。

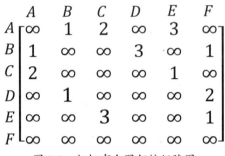

图 2.9　加权有向图邻接矩阵图

（二）邻接链表表示法

邻接链表表示法是指将网络图以邻接表的形式存储，通常用于表示稀疏的无权图。图中的每个节点 u 都有一个属于自己的单链表，这个单链表由节点 u 的所有邻居节点组成。图 2.10 是与图 2.5 无权无向图对应的邻接链表图。例如，在图 2.5 中节点 A 的邻居节点为 B、C 和 E，所以节点 A 的邻接链表由节点 B、C 和 E 组成。以此类推，可以列出所有节点的邻接链表。

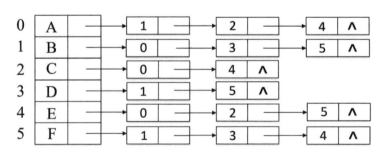

图 2.10　无权无向邻接链表图

在加权重的网络图中，邻接链表节点中多了一个字段，这个字段代表节点 u

到节点 v 中的权重值。图 2.11 是与图 2.2 加权有向图对应的邻接链表图。例如，在图 2.2 中节点 A 的邻居节点为 B、C 和 E，并且节点 A 与这三个节点之间的权重分别为 1、2 和 3。以此类推，可以列出所有节点的邻接链表。

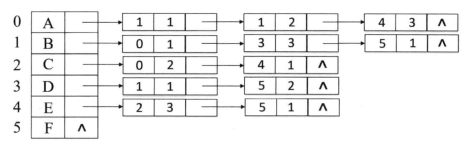

图 2.11 加权有向邻接链表图

三、图的遍历方式

从图中某一节点出发访遍图中其余节点，且使每一个节点仅被访问一次，这个访问的过程叫作图的遍历（traversing graph）。因为图的任一节点都可能和其余的节点相邻接，所以在访问了某个节点之后，可能沿着某条路径搜索之后，又回到该节点上。为了避免同一节点被访问多次，在遍历图的过程中，必须记下每个已访问过的节点。为此，我们可以设置一个辅助函数来记录该节点是否已经被访问过，如果该节点未被访问过，该节点对应辅助函数的值为"0"；如果该节点已经被访问过，该节点对应辅助函数的值为"1"。

图的遍历算法有深度优先遍历（DFS）和广度优先遍历（BFS）两种主要方法，且对无向图和有向图都适用。图的遍历是图的一种基本操作，图的许多其他操作都是建立在遍历操作的基础之上的。

（一）深度优先遍历

深度优先遍历思想：假设初始状态是图中所有节点均未被访问，则从某个节点 v 出发，首先访问该节点，然后依次从它的各个未被访问的邻接点出发深度优先遍历图，直至图中所有和 v 有路径相通的节点都被访问到。若此时尚有其他节点未被访问到，则另选一个未被访问的节点作起始点，重复上述过程，直至图中所有节点都被访问到。

深度优先遍历是一个递归的过程。首先，选定一个出发点后进行遍历，如果有邻接的未被访问过的节点则继续前进。若不能继续前进，则回退一步再前进，若回退一步仍然不能前进，则连续回退至可以前进的位置为止。重复此过程，直到所有与选定点相通的节点都被遍历。

深度优先遍历是递归过程，带有回退操作，因此需要使用栈存储访问的路径信息。当访问到的当前节点没有可以前进的邻接节点时，需要进行出栈操作，将当前位置回退至出栈元素位置。

1. 无向图深度优先遍历

无向图的深度优先遍历是一种通过递归或显式栈的方式访问图中所有节点的算法。下面是无向图深度优先遍历的步骤：

（1）选择一个起始节点作为当前节点。

（2）将当前节点标记为已访问。

（3）递归或使用栈遍历当前节点的所有邻居节点，对于每个邻居节点，如果它还没有被访问过，重复步骤2。

（4）重复以上步骤，直到无法再继续深入。

2. 有向图深度优先遍历

有向图的深度优先遍历和无向图的深度优先遍历基本相似，仍然是通过递归或显式栈的方式访问图中所有节点。下面是有向图深度优先遍历的步骤：

（1）选择一个起始节点作为当前节点。

（2）将当前节点标记为已访问。

（3）递归或使用栈遍历当前节点的所有邻居节点（该节点指向的节点），对于每个邻居节点，如果它还没有被访问过，重复步骤2。

（4）重复以上步骤，直到无法再继续深入。

当图采用邻接矩阵存储时，由于矩阵元素个数为 n^2，因此时间复杂度就是 $O(n^2)$。当图采用邻接表存储时，邻接表中只是存储了边节点（e 条边，无向图也只是 2e 个节点），加上表头节点为 n（也就是节点个数），因此时间复杂度为 O（n+e）。

（二）广度优先遍历

广度优先遍历思想：从图中某节点 v 出发，在访问了 v 之后依次访问 v 的各个未曾访问过的邻接点，然后分别从这些邻接点出发依次访问它们的邻接点，并使得"先被访问的节点"的邻接点先于后被访问的节点的邻接点被访问，直至图中所有已被访问的节点的邻接点都被访问到。如果此时图中尚有节点未被访问，则需要另选一个未曾被访问过的节点作为新的起始点，重复上述过程，直至图中所有节点都被访问到。

广度优先遍历类似于树的层次遍历，是按照一种由近及远的方式访问图的节点。在进行广度优先遍历时，需要使用队列存储节点信息。

1. 无向图的广度优先遍历

无向图的广度优先遍历是一种通过队列的方式访问图中所有节点的算法。下面是无向图广度优先遍历的步骤：

（1）选择一个起始节点作为当前节点，并将其放入队列。

（2）将当前节点标记为已访问。

（3）从队列中取出一个节点，访问它的所有未被访问的邻居节点，并将这些邻居节点放入队列中。

（4）重复步骤 3，直到队列为空。

2. 有向图的广度优先遍历

有向图的广度优先遍历与无向图的思想基本相似，也是通过队列的方式访问图中所有节点。下面是有向图广度优先遍历的步骤：

（1）选择一个起始节点作为当前节点，并将其放入队列。

（2）将当前节点标记为已访问。

（3）从队列中取出一个节点，访问它的所有未被访问的邻居节点，并将这些邻居节点放入队列中。

（4）重复步骤 3，直到队列为空。

假设图有 V 个节点、E 条边，广度优先遍历算法需要搜索 V 个节点，时间消耗是O（V），在搜索过程中，又需要根据边来增加队列的长度，于是这里需要消耗O（E），总的来说，效率大约是O（V+E）。

（三）广度优先遍历与深度优先遍历的区别

广度优先遍历和深度优先遍历是两种常用的图遍历算法，它们在搜索顺序和实现方式上有一些明显的区别。

1. 搜索顺序

广度优先遍历是从起始节点开始，先访问所有与起始节点直接相邻的节点，然后逐层扩展，依次访问离起始节点更远的节点。这意味着广度优先遍历按照图的层级结构逐层进行搜索。然而，深度优先遍历是从起始节点开始，沿着一条路径尽可能深入，直到达到最深的节点，然后回溯到前一节点，继续深入其他路径。这意味着深度优先遍历按照图的深度方向进行搜索。

2. 数据结构

广度优先遍历通常使用队列来保存待访问的节点，确保先访问的节点先出队列。深度优先遍历通常使用栈或递归调用来保存待访问的节点，因为深度优先遍历需要回溯到前一节点，栈的特性可以很自然地支持这一点。

3. 空间复杂度

广度优先遍历由于需要维护队列，其空间复杂度较高。在最坏情况下，可能需要存储图中所有的节点。深度优先遍历在实现中可以使用递归或显式栈，空间复杂度相对较低，通常只需存储当前路径上的节点。深度优先算法占内存少但速度较慢，广度优先算法占内存多但速度较快，在距离和深度成正比的情况下能较快地求出最优解。

4. 应用场景

广度优先遍历适用于求解最短路径问题，如迷宫最短路径、网络节点的最短通路等。深度优先遍历适用于寻找所有路径、拓扑排序、连通性问题等。

5. 最短路径

广度优先遍历由于其层级遍历的特性，广度优先遍历在找到目标节点时，通常是离起始节点最近的路径，因此适用于求解最短路径问题。深度优先遍历不保证找到最短路径，因为它可能首先深入到较远的节点。

　　总体而言，深度优先遍历与广度优先遍历的控制结构和产生系统很相似，唯一的区别在于对扩展节点的选取。由于两种遍历保留了所有的前继节点，所以在产生后继节点时可以去掉一部分重复的节点，从而提高搜索效率。至于选择广度优先遍历还是深度优先遍历取决于具体问题的性质。如果问题涉及最短路径、层级结构或需要找到所有路径等，通常选择广度优先遍历。如果问题涉及深度探索、回溯或路径可能很深，通常选择深度优先遍历。

─────── ╱ 小结 ╱ ───────

　　本章介绍了图论是数学的一个分支，专门研究图的性质、结构和它们之间的关系。图论的研究对象是图，图由节点（顶点）和边（连接这些节点的线）组成。图论中的核心思想和概念不仅在数学领域有着深厚的研究，还广泛应用于计算机科学、社会科学、生物学、通信网络等多个领域，为解决复杂的实际问题提供了有力的数学工具和方法。

第三章　社交网络社区搜索技术研究现状

社交网络社区搜索[20-32]是图论上重要的研究问题之一。本章主要针对基于非属性图结构的社区搜索与基于属性图结构的社区搜索两个现有问题的研究现状进行分析总结，通过对现有工作按照类别进行划分，重点关注现有工作发展方向和存在的问题。

一、基于非属性图结构的社区搜索

基于非属性图结构的社区搜索[33-37]是社区搜索查询类型之一，非属性图结构的社区搜索在很多领域都被广泛应用，如微博、Facebook、社交网络分析、协作网络等。近些年来，有许多研究工作关注非属性图结构的社区搜索。为了度量图结构的紧密度，笔者提出了不同的内聚子图来衡量图结构。本部分将图结构紧密度度量类型的相关工作分为三类：基于非属性图 k 核（k-core）的社区搜索[13,16-18,38]、基于非属性图 k 桁架（k-truss）[19,39,40]的社区搜索和基于非属性图 k 团（k-clique）的社区搜索[4,41-43]。

（一）基于非属性图 k 核的社区搜索

k 核是 1983 年由 Sendman 等人提出的。k 核子图是满足该子图中每个节点的度数都必须大于等于 k 的最大子图。非属性图 k 核社区搜索目的是找到符合

k 核子图的一个或者多个社区。例如，如图 3.1 所示，图中 {A, B, C, D} 组成的子图为 3 核社区，{A, B, C, D, E} 组成的子图为 2 核社区，{A, B, C, D, E, F} 组成的子图为 1 核社区。

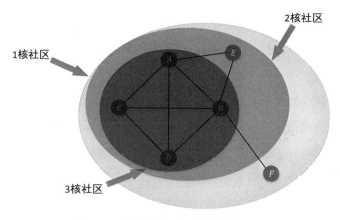

图 3.1 非属性图 k 核社区搜索例子

Sozio 等人[16] 提出了社区搜索问题。给定一组查询节点，目的是找到社交网络中的包含查询节点最大 k 核连接子图。其算法的核心思想是通过删除图中弱连通节点来完成核的分离操作，最终剥离出最大核的连通社区。换句话说，该算法用的是 k 核分解的算法，即每次删除具有最小度数的节点及其连边并且更新与其节点相连的节点度数。如果删除的节点中包含查询节点，那么算法终止。最终产生一组包含所有查询节点的子图，这个子图就是具有最大 k 核的连通子图，这个算法是基于全局 k 核搜索的。然而，当全局 k 核搜索找到的子图包含节点数较多时，搜索的结果可能会包含许多冗余节点或者与查询节点相关性不大的节点，搜索结果不能符合用户的需求。为了解决上述问题，文献[16] 又提出带有约束的社区搜索问题，对社区包含成员的个数和社区成员之间的最短路径总和做了限制。问题定义为给定一组查询点，查询找到包含查询节点最大 k 核连接子图满足以下两个条件：（1）所有节点之间最短路径和小于等于 d；（2）子图中包含节点个数不大于 s。文献中提出了一种快速贪心算法，可以高效地寻找包含固定节点个数的有界社区。快速贪心算法执行一个预处理阶段，将整个社交网络图缩小到包含距离查询节点最近的 s_0 个节点的连通子图，其中 s_0 尽量小但是要大于 s。这个算法的核心思想是距离查询节点近的节点更有可能是组成社区的节点。接下来，采用 k 核分解的方法迭代删除最小度数的节点，并确保满足上面两个条件。

Cui 等人[17]提出局部社区搜索方法，该算法的核心思想是以查询节点为中心扩展搜索空间，它在搜索空间中生成一个候选节点集，生成候选集节点的过程是每次迭代选择局部最优的节点加入候选集中，其中的局部最优节点选择的方式有两种：第一种是导致函数最大增量的节点；第二种是选择与候选集中节点连边最多的节点作为局部最优节点。当候选集中节点数能保证满足至少包含一个查询社区时，候选集选择停止。最后，算法从候选集中找到符合要求的社区。然而，上述方法只适用于单节点查询。为了能同时处理多个查询节点，Barbieri 等人[18]提出了一种基于索引的算法解决最小规模 k 核社区搜索，最小规模 k 核社区搜索的目标是为了找到包含查询节点的最小规模 k 核社区。文献[18]提出算法的核心思想是引入一种树形索引结构 Shell 索引，索引结构第 i 层是所有查询节点中核数最大的，通过索引可以找到包含所有查询节点的 k 核连通子图。Shell 索引可以进行预处理计算，因此会大大提高检索速度。在许多应用中，关注点往往在找到具有最大影响力的社区。Li 等人[13]提出了一种新的社区模型，即 k 核影响力社区，这个社区模型基于 k 核概念并且兼顾节点的重要性。文献中首先提出了一种线性时间搜索算法来寻找网络中最有影响力的 k 核影响力社区。为了进一步提高上述算法的速度，又提出了一种空间树形索引结构 ICP 索引，这个索引将节点重要性和 k 核结构相融合，能够高效地搜索 k 核影响力社区。然而，上述所有关于社区搜索的研究都是在无向图中实现的，忽略了节点之间连边的方向性，这可能会失去方向上的有用信息。Fang 等人[38]提出了在有向图上的社区搜索问题研究。给定一个查询节点，社区搜索的目的是找到一个包含查询节点的紧密连接子图，子图的紧密度是用 D (k, l) 核去衡量的，其中 l 和 k 分别代表最小出入度指标。文献中提出一种基于 D 核分解的索引结构可以快速有效地找到最大 D 核的社区。然而，存储所有的 D 核社区需要很大的空间成本，算法证明只需要保存 D (k, l+1) 核和 D (k+1,l) 核子图就能求出最大的 D (k,l) 核子图。

（二）基于非属性图 k 桁架的社区搜索

在社交网络中，往往两个朋友之间有多个共同的好友，这样就会形成许多三角形关系。这种三角形关系是社交网络的基本组成部分，也是衡量社交网络紧密度的一种度量方式。如果两个朋友之间拥有共同朋友的数量越多（也就是说两人共同组成的三角形关系越多），说明他们之间的关系友好度越强。本部分引入 k 桁架来度量图结构紧密度，将讨论基于非属性图 k 桁架的社区搜索问题并且介绍相关工作。一个 k 桁架子图是子图中每条连边至少包含在（k-2）个三角形的最大连接子图。例如，如图 3.2 所示，图中阴影部分 {A，B，C，D} 和 {E，F，G，I} 组成两个子图为 4 桁架社区，两个 4 桁架子图中间通过节点 H 和 J 相连。然而，由于两个社区是断开的，这个不连接的两个社区子图没有很好地形成一个强凝聚力社区。而且，对于任何节点最多只能属于一个 k 桁架子图，这种限制不能处理一个用户可以参与多个社区的常见情况。

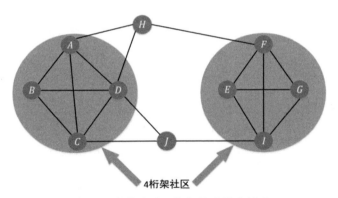

图 3.2　非属性图 k 桁架社区搜索例子

为了解决 k 桁架的不连通问题，Huang 等人[39] 在 k 桁架基础上提出了 k 桁架社区，社区满足以下三个条件：（1）子图包含查询点并且每条连边至少包含在子图（k-2）个三角形中；（2）属于子图的任意两条连边，两条连边分别属于两个三角形，要么两个三角形相同，要么两个三角形是三角连接；（3）子图是满足条件（1）和（2）的最大子图。文献[39] 首先提出了一个简单的 k 桁架索引结构来处理 k 桁架社区搜索。算法第一步采用 k 桁架分解来计算所有连边的桁架。第二步给定一个查询节点 q，检验与查询点有连边的节点的桁架性 sup（q，u）≥k 来搜索三角形连接的桁架社区。算法以广度优先遍历的方式检索所有与（q, u）有三角形连接且桁架度不小于 k 的边。迭代地检测所有与查询点 q 的连边，直至找到一组包含查询点 q 的 k 桁架社区。然而，这种简单搜索算法在查询处理机制上存在两点不足：（1）在搜索和验证不合格连边时将产生大量的无效访问；（2）部分合格的连边广度优先遍历时将被重复访问。为了解决这两个问题，文献[39]又提出一种高效的索引，即三角形连接性保护索引（TCP-index）。TCP 索引是一个树形索引并且在索引中保留了桁架数和三角形邻接关系，TCP 索引访问结果社区中的每条连边两次。在 TCP 索引基础上，一种有效的算法被开发以搜索 k 桁架社区。为了进一步提高检索速度，Akbas 等人[19]提出了一种新颖的 k 桁架等价索引技术（EquiTruss-index），以表示三角形连接的桁架社区中的三角形连接性和 k 桁架凝聚性。社交网络图 G 的所有连边可以被划分为一系列的 k 桁架等价类，这些等价类构成了一个空间效率高、保留 EquiTruss 索引结构中的所有等价的桁架。此后，社区搜索可以直接在 EquiTruss 索引上进行检索，而不需要重复访问整个社交网络图 G。与 TCP 索引相对比，基于 EquiTruss 索引的查询仅仅需要访问结果社区每条连边一次，显然更加有效。

　　k 桁架社区适用于单查询点的情况，但是在许多实际应用中，搜索包含一组查询点的社区往往是很常见的。由于 k 桁架社区对于三角形连接约束的严格要求，该模型可能找不到多节点查询的社区。因为在图结构中不是所有结构都一定是三角形连接，所以基于 k 桁架社区模型不能在多查询点情况下找到查询需要的 k 桁架合格社区。为了解决上述问题，Huang 等人[40]提出了最近邻的桁架社区搜索（CTC search）。给定一组查询节点，目的是找到一个包含查询节点的密集连接子图，其中的节点相互之间地理位置接近。最后找到包含查询节点并且直径最小的最近邻桁架社区。文献[40]开发了一个贪心的算法框架，该算法首先找到一个包含查询节点的 CTC，然后迭代地从图中删除离查询点最远的节点。为了进一步提高效率，利用紧凑的桁架索引开发了高效的 k 桁架识别算法，并在节点被去掉时进行维护。接下来，文献提出了两种更有效的算法，分别利用批量删除优化和局部探索策略解决最近邻的桁架社区搜索。

（三）基于非属性图 k 团的社区搜索

在团中，任意两个节点之间都是相邻的。团是一种被广泛使用的社交网络结构，在所有的网络结构中属于最紧密的。本部分将讨论基于非属性图 k 团的社区搜索问题，并且介绍相关工作。一个 k 团是包含 k 个节点并且每对节点之间都有连边的子图。在社交网络中，k 团常常作为重叠社区搜索的图紧密度衡量标准，下面将重点介绍重叠社区搜索问题。例如，如图 3.3 所示，图中深色阴影部分 {A, B, C, D, E} 组成的子图和浅色阴影部分 {B, C, D, E, F} 都为 5 团社区子图，两个社区是重叠社区。如果两个团相邻并且共享（k–1）个节点，那么它们是重叠社区。为了解决重叠社区问题，Palla 等人[4] 提出了团渗透方法（CPM）来解决重叠社区问题。团渗透方法的核心思想是先找到任意一个 k 团作为种子，以这个 k 团为中心将其扩展成一个社区，团渗透方法采用自底向上的方式建立社区。由于团渗透方法需要枚举出所有 k 团，所以团渗透方法适用于小规模社交网络图，在大规模社交网络图中效率不高。

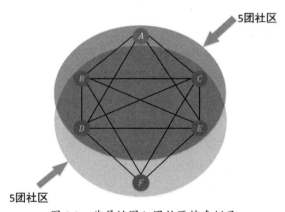

图 3.3　非属性图 k 团社区搜索例子

然而，k 团社区模型在重叠社区搜索中存在以下两个问题：（1）在社交网络中，存在大量的 k 团结构社区；（2）要求两个团结构相邻并且严格满足共享（k–1）个公共节点不符合现实应用。为了解决团渗透方法在大图搜索的问题中面临的两个问题，Cui 等人[41] 提出了一种更通用的在线社区搜索问题（OCS）。在线社区搜索问题不需要找到所有的社区，而是仅仅找到包含查询点 q 的社区即可。与 k 团社区模型不同的是，OCS 对于相邻的 k 团不再需要共享节点数为 k-1，而是将共享节点数设置为 $1 \leqslant \alpha \leqslant k-1$ 个，这个 k 团模型为 γ-quasi-k 团模型。为了进一步放宽查询条件，文献中提出一种新的 OCS 模型，即（α,γ）-OCS。给定一个查询点 q，（α,γ）-OCS 目的是找到所有包含查询点 q 的 α-adjacency-γ-quasi-k 团社区，其中 $0 \leqslant \gamma \leqslant 1$，要求一个包含 k 个节点的子图至少有 $\left\lceil \gamma \frac{k(k+1)}{2} \right\rceil$ 条连边。文献[41] 提出一种算法，通过维护每个团的访问状态减少算法搜索成本。为了进一步减少搜索空间，文献又提出一种近似算法。该算法是找到包含至少一个不属于现有社区的节点的新团。

为了可以适用于多查询点 k 团社区搜索，Yuan 等人[43] 提出了一种新的最密集团渗滤社区搜索（DCPC）。最密集团渗滤社区搜索目的是找到包含一组输入查询节点的具有最大 k 值的团渗滤社区。为了有效支持在线最密集团渗滤社区搜索，文献中提出了一种树形结构，即团邻近树，可以有效地找到给定 k 值的团。文献进一步开发了一种新的树状结构，即有序的邻接树，只需要处理与查询节点有关的子树即可，而且设计了一种新的索引结构 DCPC 索引，可以有效地查询最密集团渗滤社区。为了提高效率减少内存消耗，文献提出了一种基于 DCPC 索引的构建算法。

以上研究都是关于 k 团社区搜索，单菁等人[42] 提出了一种基于重叠社区搜索的传播热点选择方法。该方法根据用户反馈的信息，迭代地选择每次影响力最大的节点，使社交网络平台可以在跟用户交互过程中随时调整。文献[42] 提出了一种综合衡量节点影响力的方法，可以根据该方法算出影响力最大节点，最后提出了解决问题的精确方法和近似方法。

综上所述，这些先前的工作主要研究没有专注于如何扩展现有的社区结构子图的。传统的基于社区结构的方法不能直接应用于扩展社区结构子图，因为不存在添加最少边来扩展社区结构子图的有效策略。虽然他们在该领域的贡献是显著的，但与现实生活应用存在差距。现实生活不仅需要扩展子图规模，还需要新群体建立更紧密的关系，扩展结构紧密度，例如通过协作团队组织或活动组织等。

二、基于属性图结构的社区搜索

在简单图中，社区搜索目的是找到包含给定查询节点的密集子图。但在许多现实生活应用中，节点都具有属性，如蛋白质互相作用、社交网络行为分析和社交网络推荐等。非属性图中的社区搜索算法往往忽略了社区搜索中的属性，无法找到具有相同属性并且良好内聚性的社区[44-46]。本部分将从图结构方面分类，主要介绍两类相关工作：基于属性图 k 核的社区搜索[9,11,47-52] 和基于属性图 k 桁架的社区搜索[10,53-58]。

（一）基于属性图 k 核的社区搜索

在本部分，笔者介绍了属性图 k 核的社区搜索的相关工作。如图 3.4 中所示，对应图 3.1 的属性图 k 核社区。图中每个节点都有一组关键字属性，例如，节点 A 对应的关键字属性是 $\{k_1\}$，节点 B 对应的关键字属性是 $\{k_1, k_5\}$，以此类推。

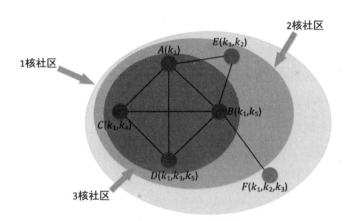

图 3.4　属性图 k 核社区搜索例子

Fang 等人[9] 提出了属性社区查询（ACQ）问题，给定一组查询关键字，查询目标是找到一组包含查询节点的 k 核子图，并且这组子图包含的节点覆盖最多相同查询关键字。ACQ 可以找到具有相同关键字或者特征的一组节点，用户根据自己的要求控制查询关键字。为了有效解决 ACQ 问题，文献提出了一种索引结构 CL-tree 索引，根据节点关键字采用自底向上的方式进行分层。基于 CL-tree 索引，文献提出了两种增量算法 Inc-S 和 Inc-T，这两种算法在较小候选关键词集合中搜索节点，逐步扩大关键词集合范围，而不用全图搜索。接下来，文献提出了一种减量算法 Dec，与前两种算法不同的是，该算法从较大候选关键词集合中搜索节点，逐步缩小候选关键词集合范围。在现实生活中，社区组成不仅仅考虑社区中成员的属性，还需要考虑成员之间的地理位置的远近。Luo 等人[47] 提出了最佳同地社区（BCC）问题，BCC 目的是找到一个满足以下条件的社区：（1）社区是一个 k 核子图；（2）所有节点包含在直径为 D 的圆中；（3）社区质量（所有节点属性与查询属性集相似度）最大。文献中提出了一种 AC-Tree 索引结构，将倒排索引（管理属性信息）、k 核分解（保持局部内聚性信息）和四叉树（组织空间信息）等整合在一起来加速查询速度。基于 AC-Tree 索引，文献提出了一种有效算法，该算法先剪枝掉索引结构中无用节点，接下来验证不能被修剪的节点，并找到最佳同地社区。Luo 等人[52] 提出了受约束的属性同地社区（ACOC）问题，ACOC 目的是找到一个满足以下条件的社区：（1）社区是一个 k 核子图；（2）所有查询关键字被社区中节点覆盖；（3）社区子图的直径最小。文献中提出四种近似算法，分别为 SFCS、GAC、GRID-BASED、"GRID+"算法，能在保证误差范围的前提下，有效地解决受约束的属性同地社区问题。

　　然而，上述研究中都需要用户提供查询节点。如果查询节点与查询图不相似，用户很难找到准确的查询结果。Zhang 等人[11] 提出了关键字中心化社区搜索（KCCS）问题，给定一组查询关键字 WQ，查询目的是找到一组与查询关键字 WQ 最相似的 k 核社区。文献中提出一种算法，以自下而上的方式采用关键词—结构和结构—关键词两种测量模式有效地解决关键字中心化社区搜索问题。接下来，提出一种新的索引——基于核的倒排索引，进一步提升了算法性能。Li 等人[49] 提出了天际线社区（skyline community）问题，天际线社区目的是找到一个满足以下条件的社区：（1）社区 H 是一个 k 核子图；（2）f（H）是最大影响社区；（3）不存在一个包含子图 H 子图 H′ 并且 f（H′）是最大影响社区。文献中提出了一种算法将用户偏好融入多社区和离群点搜索（IPMOS），算法将用户的偏好融入搜索过程，以找到具有用户偏好的多个兴趣社区，并同时识别归属网络中的异常值。Dong 等人[48]提出了蝴蝶核社区（BCC）问题，查询目标是找到一个密集连接的交叉社区，该社区包含两个查询节点并由蝴蝶网络组成。其中，蝴蝶的每个翅膀都是由基于一个查询节点的 k 核搜索诱导的，并且两只翅膀由这些蝴蝶相连。文献中开发了一种启发式算法，为了找到最小直径的 BCC，并且进一步设计了快速的查询距离计算技术、领导对识别技术和基于索引的 BCC 局部探索技术，以更有效地找到 BCC。

影响力社区搜索目的是找到一组紧密相连的节点，这组节点对图中其他节点具有最大影响。Islam 等人[50]提出了关键字感知影响力社区搜索（KICQ）问题，目的是找到具有最高影响力分数的社区，并且该社区关键字与查询关键字和谓词相匹配。文献中设计了两种有效的算法解决 KICQ 问题。一种是分支界定法，利用从已经探索过的社区找到一个最大影响力社区上限值来修剪搜索空间。另一种是基于 KIC-tree 索引的方法，预先计算并分层组织最大 k 核子图的连接部分，计算出每个关键词的影响分值的上限，快速搜索用户所需 KICQ。

异质信息网络（HINs）中的社区搜索引起了广泛关注，并被广泛用于图分析工作。Qiao 等人[51]提出了在异构信息网络中以关键词为中心的社区搜索问题。为了解决上述问题，文献提出了 kKP 核模型是基于给定关键词集的密集连接子图。接下来，基于 kKP 核模型提出三种算法以有效地解决异构信息网络中以关键词为中心的社区搜索问题。对于在线查询，文献提出了一种新的索引结构 PreIndex Tree——以对算法进行优化处理异构信息网络中以关键词为中心的社区线上查询。

（二）基于属性图 k 桁架的社区搜索

在本部分，笔者介绍了基于属性图 k 桁架的社区搜索问题的相关工作。如图 3.5 中所示，{A（k_1, k_2），B（k_2, k_4），C（k_3, k_5），D（k_2）}为 4 桁架属性社区，{E（k_5），F（k_1, k_5），G（k_1, k_3）}为 3 桁架属性社区。例如，用户给定一个查询关键字 k_2，需要返回一个 3 桁架的属性社区，查询返回每个节点包含关键字 k_2 的 3 桁架社区 {A, B, D}。

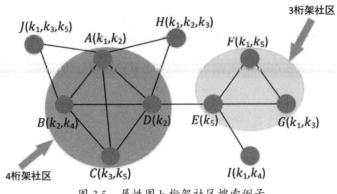

图 3.5　属性图 k 桁架社区搜索例子

　　Huang 等人[10]提出了一个属性桁架社区搜索（ATC）问题，查询目的是找到包含查询属性相似的查询节点的密集互联社区。文献中开发了一个高效的贪心算法框架，以迭代地移除不相关的属性节点，并将图逐步缩小至 ATC。为了进一步提高搜索效率，文献提出了一种新的索引结构 ATindex。ATindex 索引可以快速搜索出较好的（k, d）桁架社区作为候选答案，其中，k 桁架社区距离查询点的最大距离小于等于 d。接下来，文献基于 ATindex 索引提出了一种新算法，该算法检测查询节点周围的一个小邻域子图，该子图倾向于与查询属性紧密相连。由于传统算法的严格拓扑约束，在处理归属图时有许多的限制。为了克服拓扑结构的限制，Matsugu 等人[54]提出了灵活属性桁架社区（F-ATC），目的是找到（*, d）桁架社区并且满足属性评分函数最大值。文献中提出一种基于波束搜索技术的启发式社区搜索算法来有效解决 F-ATC 问题，算法通过属性评分函数贪心地搜索 F-ATC 社区以找到几个候选 F-ATC，选择其中属性评分函数值最大的 F-ATC。现有的研究存在两个主要的局限性：（1）不容易设置查询属性的条件；（2）只支持单属性查询。为了弥补上述两个不足，Liu 等人[59]提出了以节点为中心的属性社区搜索（VAC）问题，给定一个查询节点集，VAC 搜索返回一组具有最高属性得分的 k 桁架社区。为了解决 VAC 问题，文献提出了两种精确算法，分别是深度优先方式搜索社区算法和以最佳优先方式搜索社区算法。为了进一步提高效率，文献又提出了一种 2- 近似算法能够有效地解决 VAC

问题。

Zhu 等人[58]提出了一种内聚属性社区（CAC）搜索问题，给定一个查询点 q 和查询关键字集 S，目标是找到包含查询节点 q 并且具有最多查询关键词的 k 桁架社区。为了解决这个问题，可以从两个方面提升查询效率：（1）通过 CAC 模型的反单调性和邻域约束属性来减少候选关键词子集；（2）提出两种索引结构 TIndex 和 MTIndex，缩小候选子图的范围来加快每个候选关键词子集的验证过程。上述研究都是考虑单一的关键字属性，Baghdadi 等人[56]提出了空间社交网络上的社区搜索（TCS–SSN）问题，考虑了签到地点、影响力分数和个人信息。TCS–SSN 目的是找到一个包含查询点的最大（k, d, σ, θ）桁架社区，并且社区中每个节点的属性都包含查询关键字，其中，社区中任意两点距离不超过 d，社区与查询点距离不超过 σ，θ 为影响力分数阈值。为了解决 TCS–SSN 问题，文献设计了有效的剪枝技术来减少查询的搜索空间。接下来，文献提出了一种新的索引，即社会空间索引 τ，并基于索引开发了一种高效的查询算法。基于社区搜索中考虑影响力的研究也是属性图 k 桁架社区搜索的重要研究方向之一，Xie 等人[55]提出了 pk 桁架社区搜索问题，目的是找到包含查询节点的最优 k 桁架社区，其中，p 是传播概率阈值。为了解决 pk 桁架社区搜索问题，文献提出了有影响力的属性社区搜索方法，该方法首先引入了 pk 桁架社区模型。接下来，文献提出了一个新的评分函数来检测社区的凝聚力，同时衡量社区影响力特征和属性特征。为了在大型网络中进行有影响力的属性社区搜索，算法引入了图提炼方法。上述问题没考虑到空间地理位置，Xie 等人[53]提出了属性 pkd 桁架社区搜索，pkd 社区目的是找到一个满足以下条件的社区：（1）社区包含查询节点 q；（2）社区中任意两个节点都可以通过路径到达，查询节点和社区中任何节点之间的最大路径影响都大于 p；（3）社区有最大的评分函数值。为了解决 pkd 社区搜索问题，文献提出了两种有影响力的社区搜索算法，算法可以通过最大化属性和影响相关性的评分函数找到属性 pkd 桁架社区。为了在大型网络中实现有效社区搜索，文献开发了一种图精炼算法和剪枝规则，算法可以为大数据提供更加个性化和有效子图搜索。

综上所述，介绍的工作主要有以下两个限制。

（1）受约束的关键字紧密度不适用于所有属性查询。这是因为有些查询只需要联合覆盖关键字即可，如果要求每个人都覆盖关键字，问题定义的设置显然不合理。

（2）满足查询关键字的最小社区查询。上述研究工作都是满足用户需求的最大社区，然而，现实世界中查询往往需要找到满足关键字的最小社区。

因此，上面两个问题亟待解决。

— / 小结 / —

本章系统地介绍了面向社交网络的社区搜索技术研究工作，主要是介绍了基于非属性图结构的社区搜索问题和基于属性图结构的社区搜索问题的研究现状，并总结了相关工作中存在的瓶颈。针对上述两个问题，本书将在后续章节中系统研究。

第四章　基于 k 核的社区搜索

　　长期以来，社会网络研究人员一直在寻找衡量网络凝聚力的方法。密度通常被用于这个目的，尽管它具有普遍承认的缺陷。后来，一种基于最小度的网络内聚方法被提出，该方法产生了一系列逐渐增加内聚的子图，与任何局部密度的网络度量相关联，这些网络度量在表征网络结构和比较网络方面都很有用。大多数社会网络研究都非常重视网络结构测度的构建。许多这样的措施已经被定义，解决了各种各样的网络结构特征。关于网络结构，一个经常被处理的房门是网络凝聚力的问题。

　　然而，人们很快就认识到，密度作为一种凝聚力的度量是不能令人满意的。密度的一个严重问题是，它可以从一个网络中点的度的平均值中得到，因此，一个特定的密度值可能来自一个相当"均匀"的网络，也可能来自一个由非常内聚（具有高度点）和非常稀疏的区域（具有低度点）组成的网络。密度无法区分这些情况[60]。

　　在本章，笔者将介绍 k 核密集子图定义，以及进一步介绍图的核分解算法。本章从基于无向图的 k 核社区搜索、基于有向图的 k 核社区搜索、基于关键字属性图的 k 核社区搜索、基于地理位置属性图的 k 核社区搜索、基于影响力的 k 核社区搜索等五个方面介绍基于 k 核社区搜索。

一、k 核定义和基本结构

在社交网络图中，存在的 k 核子图是其中每个节点与子图内至少 k 个其他节点相连，这样的子图我们就定义为 k 核子图。k 核子图可以形式化定义如下。

定义 4.1（k 核子图）：给定一个网络图 G 和一个整数 k，如果 $\deg\big(G'(v)\big) \geq k\big(\forall v \in V'\big)$，则 G 中的最大连通子图 $G' = (V', E')$ 是 k 核子图。

如果节点 v 存在于 k 核子图中，但它不属于（k+1）核子图，我们就说节点 v 的核数为 k。接下来我们给出核数的定义。

定义 4.2（核数）：在网络图 G 中，如果一个节点 $v \in V$ 存在于 k 核子图 G′中，并且 k 为最大整数，那么我们就说节点 v 的核数为 k。

定义 4.3（连通 k 核）：考虑一个网络图 G 和一个整数 k，连通 k 核是一个连通子图 $H \subseteq G$，并且满足 $\forall v \in V(H)$，$\deg_H(v) \geq k$。

我们定义任何在网络图中节点的最大核数为 c_{max}。根据节点的核数，我们可以将节点划分为不同的类。网络图 G 的 k 类被定义为 $\psi(k) = \{v : v \in V, \varphi(v) = k\}$。

笔者用一个示例图来具体说明 k 核和 k 类。图 4.1 展示了一个网络图，整个图是一个 1 核图，因为每个节点都至少有 1 个邻居节点。在这个图中，有 2 核子图和 3 核子图，其中，所有节点中核数最大的是 3 核节点，即 c_{max} =3。在这个例子中，1 类的节点为 $\psi(1) = \{F\}$，2 类的节点为 $\psi(2) = \{E\}$，3 类的节点为 $\psi(3) = \{A，B，C，D\}$。其中，3 核子图由 3 类节点组成。接下来，笔者介绍在网络图中怎么分解，k 核分解函数伪代码见算法 4.1 所示。

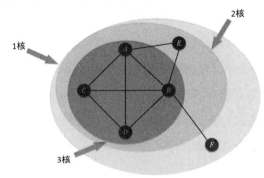

图 4.1　在图 G 中 k 核的例子图

算法 4.1 k 核分解算法

输入：社交网络图 G；

输出：核值 core。

1. 计算节点 $v \in V$ 的度数；

2. while $V \neq \varnothing$ do

3. k ← 取节点中最小度数；

4. while 存在节点 $v \in V$ 并且 $\deg(v)$ 小于等于 k do

5. core $(v) \leftarrow k$；

6. for 节点 u 是节点 v 的邻居节点 do

7. 从图 G 中移除连边 (u,v)；

8. $\deg(u) \leftarrow \deg(u) - 1$；

9. end for

10. $V \leftarrow V - v$

11. end while

12. end while

13. 返回所有节点 v 的核值。

在算法 4.1 中，图 G 的核分解问题是找出 G 的所有可能的 k 核。在 k 核分解算法中，很容易获得图 G 中的每个节点的核值 k。算法首先计算整个社交网络图中所有节点的度数。接下来，设置循环条件，当节点集 V 为空时，循环结束；否则迭代计算每个节点的核值，直到所有节点计算完核值。循环结构中，取出节点中最小度数赋值给变量 k。在子循环中，当节点 v 属于集合 V 并且满足度数小于等于 k 时，将 k 作为节点 v 的核值。然后，查询节点 v 的所有邻居节点 u，依次从社交网络图 G 中移除连边（u, v），并且每个邻居节点度数减 1。在节点 v 的所有邻居节点度数都减 1 之后，算法将节点 v 从集合 V 中删除。算法迭代执行上述步骤，直到节点集 V 为空。最后，算法返回所有节点的核值。当 k 核分解函数执行完，返回每个节点核值。

二、基于无向图的 k 核社区搜索

在基于无向图的 k 核社区搜索中，现有的社区搜索分为两类：无界社区搜索和有界社区搜索，无界社区搜索对社区大小没有限制，有界社区搜索对社区大小有限制[5]。

（一）无界社区搜索

Sozio 等人[16]提出了一个问题定义，找到一个包含所有查询节点的连通子图，并且这个子图是包含最小度的最大连通子图。

问题 1[16]：给定一个无向网络图 G（V，E），一组查询点 $Q \subseteq V$，一个社区紧密度函数 f，返回图 G 的一个子图 H（V_H, E_H），满足如下条件：

（1）V_H 包含 Q（$Q \subseteq V_H$）；

（2）子图 H 是连通的；

（3）$f(H)$ 在 H 的所有可行解中是紧密度最大的。

除了图 G=（V，E）之外，问题 1 中还给出了一组查询节点 Q 作为输入。这些节点构成了社区的原始节点。其中，$f(H)$ 是衡量社区 H 的紧密度函数。如果社区 H 的紧密度越大，$f(H)$ 的值越大。函数 f 有多种设置方法，在文献[16]中定义的是社区 H 中最小度节点的度数。对于社区搜索任务，Sozio 等人[16]发现最小度数节点优于其他一些指标，包括平均度数和密度。所以，问题 1 中 f 函数采用最小度度量。

为了解决问题 1，有两种分别基于全局和局部搜索的在线算法[17]。

1. 全局算法。Sozio 等人[17]提出了一种贪心算法，当输入初始图后，该算法能够在线性时间内求解，并且算法的空间复杂度为 O（n+m）。算法的核心思想是采用核分解的剥离策略，在每次迭代中删除度数最小的节点及其连边。当包含查询节点的剩余连接子图不连通时，算法停止。那么，该过程上一步生成的包含所有查询点的连通子图就是算法得到的最优解。由于该算法每次都剥离度数最低的节点，所以返回的子图是最大的连通子图。根据上述算法描述，最终返回的子图是一个包含查询节点 Q 的 k 核子图，其中，k 等于 Q 中节点的最小核数。

例 4.1：以图 4.1 为例，查询点 Q={E}，全局算法搜索结果如图 4.2 所示。搜索结果是一个包含查询点 Q 的最大 2 核子图。图 4.2 包含了一个 3 核子图，但是它不包含查询点 E，所以查询结果为 {A, B, C, D, E}。

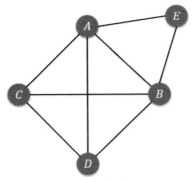

图 4.2　全局搜索算法结果图

2. 局部算法。在问题 1 中，初始图可能存在一些子图满足所有约束条件，并且在子图中最小节点度数相同（在函数 f 上有相同的值），但是局部算法搜索的子图规模比全局算法搜索的子图小。然而，这些子图也可以被认为是目标社区。

Cui 等人[17] 提出了一种局部社区搜索方法，它以局部扩展的方式工作，寻找一个满足搜索条件但可能比全局算法更小的社区。具体来说，它假设只有一个查询节点 Q（Q={q}）。局部算法包括三个步骤：首先，从查询点 q 开始扩展搜索空间。其次，在搜索空间中生成候选节点集。最后，从候选集中找到满足条件的社区。其中，第二步以迭代的方式进行。在每次迭代中，它选择局部最优节点并将其添加到候选集中。为了确定局部最优节点，文献[17] 采用两种启发式方法：一种方法是选择导致函数 f 增量最大的节点；另一种是选择与候选集中的节点有最多连接边的节点。当候选集中节点组成满足问题 1 限制条件的社区时，迭代停止。

当全局算法和局部算法产生的社区在某个函数 f 下的值相等，并且局部算法得到的社区是全局算法得到的社区的子集时，在大部分情况中，候选集通常比整个初始图小得多。所以，局部算法的效率通常会明显提高。

在问题1中，要求紧密度函数 f 最大化。但是，对于某些应用，可能需要放宽限制条件，要求搜索与查询节点连边不必最大化。文献[17]提出了另一种社区搜索问题。

问题 2[17]：给定一个无向网络图 G（V，E），一个查询点 q⊆V，一个非负整数 k，返回图 G 的一个子图 H（V_H，E_H），满足如下条件：

（1）V_H 包含 q；

（2）子图 H 是连通的；

（3）对于每个节点 v∈H，$\deg_H(v) \geq k$。

在图 4.1 中，设定 q=B 并且 k=2。在初始图中，问题 2 搜索的社区结果为 {A, B, C, D, E}。在问题 1 中，同样的初始图搜索最大化最小度子图，返回的社区结果为 {A, B, C, D}，其中，结果中 k=3。

另外，上述两种算法通常倾向于搜索大规模的结果子图。然而，在这样的大型社区中，可能存在冗余节点或者离查询节点较远的节点，它们会对查找感兴趣社区的准确性产生较大的影响。为了应对这个问题，Sozio 等人[16]提出了一个限制性的社区搜索问题，该问题限制了社区的大小以及社区成员之间的总距离上界。在后续内容中，笔者称这个问题为限制性搜索算法。

（二）有界社区搜索

在无界社区搜索中，结果可能包含大量的节点；在搜索过程中，搜索效率很低。虽然局部算法可能找到比全局算法更小的社区，但有可能返回的社区仍然非常庞大。在很多实际场景中，比如组织一场羽毛球比赛，通常要求目标社区规模不需要太大。因此，在这个小节中，笔者将介绍有界社区搜索问题。

文献[16]提出的另一个问题包含两种约束：距离约束和最小度约束。距离约束定义为子图和所有查询节点 Q 之间的最短路径长度小于一个阈值。最小度约束定义为子图中任何节点的最小度数尽量最大。

问题 3[16]：给定一个无向连通图 G=（V，E），一组查询节点 Q⊆V，以及一个表示距离约束的数值 d，查询结果需要找到 G 中一个诱导子图 H=（V_H，E_H），满足以下条件：

（1）V_H 包含 Q（$Q \subseteq V_H$）；

（2）子图 H 是连通的；

（3）D_Q（H）$\leq$ d；

（4）在所有满足条件的 H 中，最小度函数 F_m=（H）被最大化。

其中，函数 F_m=（H）被定义为子图 VH 中任何节点的最小度数。为了避免结果社区中包含距离查询节点较远的节点，问题 3 中设置了距离约束。首先，D_G=（v, q）表示图 G 中节点 v 和 q 之间的最短路径长度。D_Q=（H）是子图 H 中节点与所有查询节点 Q 之间的最短路径长度。

例 4.2：以图 4.1 为例，查询点 Q={C}，d=200，查询结果如图 4.3 所示。搜索结果是一个包含查询点 Q 的最大 3 核子图。在图 4.3 中，3 核子图中不包含查询点 E，因为节点 E 到查询点距离超过 200 并且加入 E 后是 2 核子图，所以查询结果为 {A, B, C, D}。

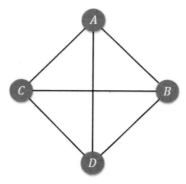

图 4.3 问题 3 社区子图

Sozio 等人[16] 提出了一个关于子图的问题，这个问题限制了包含节点个数的上限，并且在所有满足这一限制的子图中，要找到紧密度最大的解。

问题 4[16]：给定一个无向简单图 G（V，E），一组查询节点 $Q \subseteq V$，一个子图包含节点个数约束 k，以及一个适合度函数 f，返回图 G 的一个子图 H（V_H, E_H），满足以下条件：

（1）V_H 包含 Q（$Q \subseteq V_H$）；

（2）子图 H 是连通的；

（3）$|V_H| \leq k$（H 最多有 k 个节点）；

（4）f=（H）在 H 的所有可行解中是紧密度最大的。

因为问题 4 中包含限制节点数量的约束条件，所以该问题被证明是 NP-hard 问题。NP-hard 问题在多项式时间内无法找到该问题的解，因此当社交网络包含节点比较多的情况下，无法找到该问题的解。为了解决这个问题，文献[5] 提出了一些启发式算法，算法能在多项式时间内找到相对最优解。

例 4.3：以图 4.1 为例，查询点 Q={D}，k=4，查询结果如图 4.4 所示。搜索结果是一个包含 4 个节点的 3 核子图，查询结果为 {A, B, C, D}。

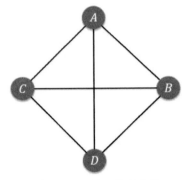

图 4.4　问题 4 社区子图

在问题 3 和问题 4 的基础上，Sozio 等人[16] 又提出了同时满足距离约束和子图大小约束的问题。子图大小约束条件与问题 4 中相同，要求所需社区的节点数量不大于用户指定的阈值。距离约束条件与问题 3 中相同，同样是约束子图中节点与所有查询节点之间的最短路径长度。

问题 5[5]：给定一个无向连通图 G（V，E），一组查询节点 Q⊆V，以及一个表示距离约束数值 d，一个子图包含节点个数约束 k，返回图 G 的一个子图 H（V_H, E_H），满足以下条件：

（1）V_H 包含查询点 Q（Q⊆V_H）；

（2）子图 H 是连通的；

（3）D_Q（H）≤ d；

（4）$|V_H| \leq k$（H 至少有 k 个节点）；

（5）H 的最小度被最大化。

条件（2）确保所有查询节点 Q 在一个连通子图内。条件（3）是距离约束，它可以避免子图中包含远离查询点的节点。条件（4）限制了 H 的节点数量不多于 k 个。条件（5）限定 H 中所有节点中最小度数最大化。

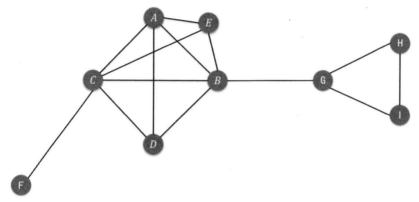

图 4.5　基于 k 核社区模型

例 4.4：以图 4.5 为例，查询点 Q={B,C}，图大小为 k=5，距离参数为 d=100，查询结果如图 4.6 所示。搜索结果是一个包含 5 个节点的 3 核子图，并且距离节点 C 的距离小于等于 100，查询结果为 {A, B, C, D, E}。

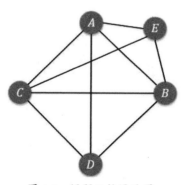

图 4.6　问题 5 社区子图

文献[5]证明问题 5 是 NP-hard 问题。为了解决这一难题，作者提出了快速贪心算法。该算法通过两个步骤来找到一个有界社区。

第一步，快速贪心算法执行一个预处理阶段，将初始图缩小到离查询节点最近的一组节点作为候选集。通过预处理可以减少计算复杂度，通常认为距离查询节点较近的节点更有可能属于同一社区。为了确保目标子图是连通的，并且至少包含 k 个节点，候选集会选择足够数量的节点。

第二步，快速贪心算法采用贪婪策略来迭代地从图中移除节点。在每一次迭代中，算法会移除当前子图中度最小的节点。这样做的目的是优化社区的结构和连通性。此外，快速贪心算法会确保所发现的社区满足用户定义的距离和大小约束。

总的来说，快速贪心算法提供了一种启发式方法，用于解决 NP-hard 的最小度社区发现问题。通过预处理阶段和贪婪策略，该算法在保证解的质量的同时，也提高了计算效率。

Barbieri 等人[18]提出了最小社区搜索问题，旨在进一步减小返回社区的规模。该问题的目标是寻找一个社区，它不仅符合问题 1 中的所有约束条件，而且拥有尽可能少的节点数。

问题 6[18]：给定一个无向简单图 G（V，E），一组查询节点 $Q \subseteq V$，一个最小度函数 f，设 H^* 为问题 1 中返回的子图，找到 G 一个子图 H，满足以下条件：

（1）V_H 包含查询点 Q（$Q \subseteq V_H$）；

（2）子图 H 是连通的；

（3）$f(H) = f(H^*)$；

（4）子图 H 包含的节点数最少。

例 4.5：考虑图 4.1 中的图 G，在问题 6 中设置查询点 Q={E}，图 4.7 展示了查询 Q 的最小核社区。该社区包含 3 个节点，形成一个连通的 2 核子图，相比于问题 1 中的结果 {A, B, C, D, E}，问题 6 的结果 {A, B, E} 具有相同的核数，但是包含的节点数是最少的。

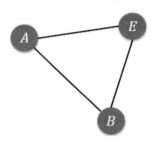

图 4.7　问题 6 社区子图

文献[18]证明问题 6 是 NP-hard 问题。Barbieri 等人提出了一种基于索引的方法，以有效地解决了最小核心社区搜索问题。最小核心社区搜索算法的高层次思想是首先构建一个索引，用于保存所有 k 核的结构信息，然后开发一个有效的启发式策略，将所有查询节点连接到一个候选社区并进行细化。该方法由两个阶段组成：预处理和查询处理。在预处理阶段，他们构建了一个 Shell 索引，用于预先计算和存储一些有用的信息以供查询处理使用。查询处理阶段包括两个子阶段：检索阶段，在此阶段从 Shell 索引中检索预处理期间计算 / 存储的适当信息；在线处理阶段，在此阶段进一步处理检索到的信息以获得查询的答案。关于 Shell 结构的介绍，如下。

1.Shell 索引结构。Shell 结构的核心思想是通过存储壳（shell）而不是核（core）来避免复制。准确地说，Shell 结构仍然保留了与每个节点 $u \in V$ 的核心索引 $c(u)$ 相关的信息，其中，$c(u)$ 定义为包含节点 u 的最高阶核心的索引：$c(u) = \max\{k \in [0..k^*] \mid u \in C_k\}$，但是 Shell 结构确保每个节点 u 仅在适当的壳中存储一次，而不会在包含 $c(u)$ 的所有核心中复制，从而避免了冗余存储，保证了存储的高效性。Shell 索引结构算法见算法 4.2[118]。

算法 4.2　Shell 索引结构

输入：社交网络图 G (V, E)；

输出：图 G 的 Shell 索引。

1. 使用算法 4.1 对 G 进行核分解；

2. 设 c_{max} 为图 G 中的最大核数；

3. 树形结构 T ← ∅ ；

4. H ← ∅ ；

5. for k ← c_{max} tol do

6. 设 k 核节点集 $\psi(k) = \{v : v \in V, \varphi(v) = k\}$ ；

7. 设 k 边集 $E_k = \{(u, v) \in E, \varphi(v) \geq k, \varphi(u) \geq k, \min\{\varphi(v), \varphi(u)\} = k\}$ ；

8. 将子图 $H'(\psi(k), E_k)$ 加入到 H 中，利用并集查找森林找到所有最大连通 k 核子图 $\{C_1, \ldots, C_r\}$ ；

9. for i ← 1 to r do

10. 添加一个树节点 S_i^k，其中 $S_i^k = \psi(k) \cap C_i$，用树 T 第 k 层的第 i 个节点表示；

11. if $\exists S_j^{k'} \subseteq C_i$，其中 $k < k' \leq c_{max}$ 并且 $S_j^{k'}$ 在 T 中没有父节点 do

12. 在树中节点 S_i^k 和 $S_j^{k'}$ 之间添加一个 < 父，子 > 关系；

13. end for

14. end for

15. 返回树形结构 T 为 G 的 Shell 索引。

2.Shell 索引构建。算法 4.2 介绍了一种构建图 G 的 Shell 索引的方法。其基本思想是首先计算出所有的最大连通分量，然后按照一定的规则将它们组织成树形结构。具体来说，对于每个核数为 l 的节点 v，它可能存在于多个 $1 \leq k \leq$ l 的最大连通 k 核中。为了避免重复信息并节省存储成本，每个节点 v 只存储一次，并指出包含节点 v 的最大 k 核连通子图。这样，Shell 索引以巧妙的树形结构组织起来。

算法首先使用算法 4.1 对图 G 进行核分解（第 1 行）。然后，算法 4.1 获得所有节点的核值，并将最大核值记为 c_{max}（第 2 行）。算法以自顶向下的方式逐层构建 Shell 索引 T（第 3—12 行）。换言之，算法首先创建第 k 级树节点，然后创建第（k–1）级树节点，直至最后创建第 1 级树节点。在第 k 层（第 6—12 行），算法定义一组核数为 k 的节点，记作 $\psi(k) = \{v : v \in V, \varphi(v) = k\}$，以及 k 边集 $E_k = \{(u, v) \in E, \varphi(v) \geq k, \varphi(u) \geq k, \min\{\varphi(v), \varphi(u)\} = k\}$（第 6—7 行）。算法将子图 $H'(\psi(k), E_k)$ 添加到 H 中，利用并查集找到所有最大连通 k 核子图 $\{C_1, \ldots, C_r\}$（第 8 行）。对于每个最大 k 核连通子图 C_i，算法创建以 S_i^k 为根的子树（第 9—12 行）。树节点 S_i^k 由 C_i 中 k 核节点的集合构成，例如，$S_i^k = \psi(k) \cap C_i$。然后，算法在 S_i^k 和 $S_j^{k'}$ 之间添加树边，其中 $k < k'$，表明以 $S_j^{k'}$ 为根的 T 子树中的每个节点也属于最大连通 k 核子图 C_i。最后，算法返回树形结构 T 为 G 的 Shell 索引（第 15 行）。

接下来探讨查询处理阶段，它包括两个关键步骤：第一步，从 Shell 索引中检索已计算的信息；第二步，在线对这些信息进行处理以获取最终的查询答案。

1. 从 Shell 索引检索。在给定一组查询节点 Q 的情况下，检索阶段的目标是找到一个包含所有查询节点 Q 的最大连通 k 核 H^*，其中 k 取最大值。为了更好地从 Shell 索引中检索子图 H^*，问题被转化为找到以第 k 层节点为根的树 T 的子树，使得 k 取最大。在最不理想的情况下，对于每一个节点 $q \in Q$，算法可能需要访问包含 q 的每个树节点 S 一直到根节点，最终找到最近公共祖先。

2. 在检索阶段，我们已经找到了包含查询节点 Q 的全局核问题的所有解集合 H^*。在线处理阶段的目标是进一步优化 H^*，以提取尽可能小的解决方案。由于最小核心社区搜索问题是 NP-hard 问题，Barbieri 等人[18]提出了一种高效的启发式算法，称为贪婪连接算法。

贪婪连接算法的思想是从初始的全局核解集合 H^* 开始，通过不断尝试连接节点来减小解集的大小。具体来说，算法从 H^* 中选择一个节点，并尝试将其连接到其他节点，以查看是否可以形成更小的核。如果连接成功，则更新解集合，否则保持不变。这个过程不断迭代，直到无法找到更小的核。

贪婪连接算法的优势在于它能够在较短的时间内找到一个接近最优解的解集合，尽管问题本身是 NP-hard 的。因此，它是一个非常有效的在线处理方法，可以用于进一步优化全局核问题的解。

三、基于有向图的 k 核社区搜索

现有的社区搜索问题解决方案是为无向图设计的，并且忽略了边缘的方向，这可能会丢失方向上携带的有用信息。在许多应用程序（如 Twitter）中，用户关系通常被建模为有向图（例如，在博客中用户 a 关注另一个用户 b，则存在从 a 到 b 的边）。在这部分中，所有的方法都基于有向图的社区搜索。

设 G=（V，E）是一个有向图，它是由节点组成的集合 V 和节点之间有向边组成的集合 E。每条边 e∈E 可以看作一对 e=（v，u），v 是 e 的尾部，而 u 是 e 的头部。我们用 V（G）表示有向图 G 的节点集合。给定一个节点 x ∈ V，它的入度可以表示为 $\deg_G^{in}$，是节点 x 输入边数的个数，即 G 中以节点 x 为头的连边个数。同样，节点 x 的出度，我们用出度 $\deg_G^{out}$ 表示，是 x 的输出边数，也就是说，G 中以 x 为尾的连边个数。有向图 G 的最小入度和最小出度分别定义为

$$\delta^{in}(G) = \min\left\{x \middle| \deg_G^{in}(x) \middle| x \in V(G)\right\} \text{ 和 } \delta^{out}(G) = \min\left\{x \middle| \deg_G^{out}(x) \middle| x \in V(G)\right\}。$$

在图 4.8 中，有 9 个节点，大多数节点都有出度和入度。但是，节点 B 没有入度，而节点 A 则没有出度。这意味着节点 A 和节点 B 与其他节点的连接相对较弱，因此在社区搜索过程中，它们不太可能被视为社区的一部分。为了更好地度量有向图的结构，文献[15] 提出了 D 核的概念，以更准确地评估图结构，特别是在解决社区搜索问题时。

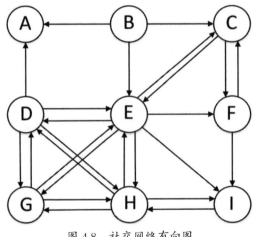

图 4.8 社交网络有向图

定义 4.4（D 核）：给定一个有向图 G（V,E）和两个正整数 k 和 l，D 核子图是 G 中最大子图 D，其中 $\delta^{in}(D) \geq k, \delta^{out}(D) \geq 1$。我们也可以用 $DC_{k,l}(G)$。表示 G 的（k,1）核。

如果没有这样的有向图存在，那么图 G 的 D 核将为空有向图。很明显，当存在这样的子图 D 时，它将是唯一的。在图 4.9 中，有图 G 的（0,0）（1,1）（2,2）（3,3）核子图。基于 D 核结构，Fang 等人[38]提出了有向图的最小度测量，并研究了基于 D 核的有向图社区搜索问题。

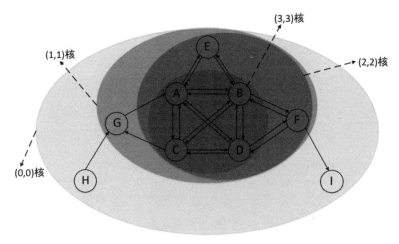

图 4.9　D 核解析图

问题 7[38]：给定一个无向图 G（V,E），两个正整数 k 和 l，一个查询点 q，返回一个连通子图 $G_q \subseteq G$，使得子图包含 q 并且 $\delta^{in}(D) \geq k, \delta^{out}(D) \geq 1$。

由于（k,1）核满足问题 7 查询的最小入度约束和出度约束，我们可以返回包含查询节点 q 的（k,1）核的连通子图作为其共同体。更准确地说，采用文献[15]中提出的算法计算有向图的（k,1）核，以完成问题 7 中的查询。我们用 DGlobal 表示这个查询算法，因为它在整个有向图上全局搜索。

与全局搜索算法类似，问题 7 的一个简单解决方案是从整个图中迭代地移除不满足入度约束和出度约束的节点，直到每个剩余节点满足入度和出度约束，然后返回包含节点 q 的结果社区。算法给出了 DGlobal 算法的具体步骤，删除节点和更新其相邻节点的度数的过程可以在 $O\left(\deg_G^{in}(v) + \deg_G^{out}(v)\right)$ 时间内完成。因此，算法 DGlobal 的时间复杂度为 $O(m)$。

算法 4.3　DGlobal

输入：社交网络图 $G(V,E)$，查询点 q，k，l；

输出：图 G_q。

1. 初始化 $R \leftarrow G(V,E)$；

2. while $\exists v \in R \, s.t. \deg_R^{in}(v) < k$ or $\deg_R^{out}(v) < l$ do

3. 从 R 中删除节点 v；

4. $G_q \leftarrow R$ 中包含 q 的连通子图；

5. if G_q 超过一个节点

6. return G_q

7. else

8. return null。

Fang 等人[38]提出了一种基于索引的方法以提高查询效率。该方法首先执行 D 核分解，即计算所有的（k,l）核，然后将这些核存储在一个二维表中构建索引，最后利用该索引来进行查询。

为了保存所有 D 核，一种简单的方法的空间复杂度为 $O(n^3)$。以下是三种解决该问题的方法。首先，设 $V_{i,j}$ 表示（i,j）核中的节点集合。第一种方法是利用 D 核的嵌套性质，即对于任意 $1 \geq 0$，存在（k,1+1）核 $\subseteq$（k,1）核，因此如果（k,1+1）核已经被存储，我们只需为（k,1）核存储节点 $V_{k,l} \setminus V_{k,l-1}$。因此，对于任意 k，存储所有（k,1）核（$0 \leq 1 \leq n$）需要 $O(n)$ 个存储空间，总的存储空间成本为 $O(m)$。第二种方法是对于任意 $k,1 \geq 0$，存在（k,1+1）核 $\subseteq$（k,1）核和（k+1,1）核 $\subseteq$（k,1）核。在存储（k,1+1）核和（k+1,1）核之后，对于（k,1）核来说，如果 $|V_{k+1,l}| \geq |V_{k,l+1}|$，我们只需存储节点 $V_{k,l} \setminus V_{k+1,l}$；否则，我们存储节点 $V_{k,l} \setminus V_{k,l+1}$。所以第二种方法比第一种方法存储空间更少。第三

种方法是在存储了 $(k,1+1)$ 核和 $(k+1,1)$ 核之后，对于（k，1）核仅需要存储节点 $V_{k,1} \setminus (V_{k+1,1} \cup V_{k,1+1})$，并且占用的空间成本最小。

例 4.6：考虑一个有向图如图 4.9 中，设置查询点 q=C，k=3，l=3，问题 7 查询返回一个由 {A, B, C, D} 四个节点组成的（3，3）核连通子图，因为每个节点至少有三个内邻居和三个外邻居。

此外，虽然问题 7 中查询的社区 Gq 是一个连通子图，但它可能不是一个强连通分量[122]。为了解决这个问题，问题 7 的一个变体是找到一个社区不仅满足最小度约束，而且是一个强连通分量。

四、基于关键字属性图的 k 核社区搜索

随着大型社交网络近年来的迅速发展，带属性的社交网络图的应用范围也在不断扩大，其中包括产品广告和社会活动等应用。属性图的社区结构有助于深入理解社区形成的动因，如果属性社区的成员对音乐有着共同的兴趣，是因为社区成员都拥有相同的关键字"音乐"。而且，属性社区具备个性化的特点，例如，用户可以定制返回的属性社区，使其与特定的关键字相关联，如"足球"和"跳舞"。带属性的社交网络图本质上是一个与关键字相关联的图。图 4.10 展示了一个带属性图，其中每个节点表示一个社交网络用户，而节点的属性则描述了该用户的兴趣。节点 A、B、C、D、E 组成了一个 3 核子图，并且每个节点都包含了关键词 { 足球，美术 }。

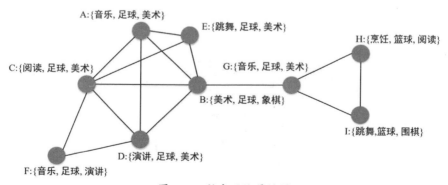

图 4.10 社交网络属性图

基于关键字属性图是一个无向图 G（V, E），其中，节点集为 V，边集为 E。每个节点 $v \in V$ 与一组关键字 W(v) 相关联。Fang 等人[9]提出了属性社区查询问题，该问题要求社区内的节点具有相同的关键字，并且节点之间的结构连接紧密。

问题 8[9]：给定一个无向图 G（V, E），一个正整数 k，一个查询点 $q \in V$ 和一组关键字 $S \subseteq W(q)$，返回一个图集合 G，使得 $\forall G_q \in G$，具有以下属性：

（1）连通性，$G_q \subseteq G$ 是连通的并且包含节点 q；

（3）结构紧密度，$\forall v \in G_q, \deg_{G_q}(v) \geq k$；

（3）关键字紧密度，$L(G_q, S)$ 包含节点数最多，其中，$L(G_q, S) = \cap_{v \in G_q}(W(v) \cap S)$ 是 G_q 的所有节点在 S 中共享的关键字集合。

例 4.7：如图 4.11，如果 q=A，k=2 如果 q=A，k=2，并且 S={w, x, y}，则问题 6 的输出是一个子图 {A, C, D}，其中的节点具有相同的关键字集 {x, y}，换句话说，这些节点共享关键字 x 和 y。

子图 G_q 被称为节点 q 的属性社区，$L(G_q, S)$ 是 G_q 的属性社区标签。在问题 8 中，前两个属性保证了结构的紧密性。属性（3）保证检索具有在 S 中相同关键字的社区，它要求 $L(G_q, S)$ 是最大的，目标是找到具有最相关节点的属性社区，我们将以它们共享的关键字数量为指标。在图 4.11 中，如果使用相同的查询（q=a，k=2，S={w, x, y}），不考虑"最大化"的要求，可以得到像 {A, B, E}（不共享关键字）、{A, B, D} 或 {A, B, C}（共享 1 个关键字）这样的社区。

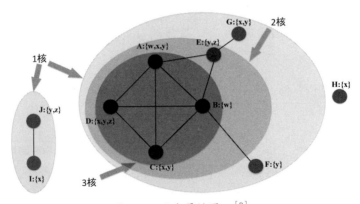

图 4.11　无向属性图 G[9]

为了解决问题 8，Fang 等人[9] 提出了一个简单的解决问题 8 的方法，其中包含三个步骤。第一步，枚举 S 的所有非空子集，其中包括 $S_1, S_2, \ldots, S_{2^1-1} \left(1 = |S|\right)$。第二步，算法检查每个子集 $S_i \left(1 \leq i \leq 2^1 - 1\right)$ 是否存在满足前两个属性的子图。第三步，输出具有最多共享关键字的子图。然而，随着子集数量呈指数增长，对于大型图形来说是不切实际的。为了解决这个问题，Fang 等人[9] 发现了反单调性质，即给定一个关键字集合 S，如果它出现在 AC 的每个节点中，则对于 S 的每个子集 S′，都存在一个属性社区，其中每个节点都包含 S′。基于这一性质，可以剪枝 S 的许多子集，从而可以开发出更快的在线查询算法。

Fang 等人[9] 又提出了一种 CL-tree 索引结构，该索引将节点关键字以分层结构的方式组织起来。与 Shell 结构相似，CL-tree 也采用树形结构，但每个节点额外维护了一个倒排列表。这个列表记录了包含该节点关键字的其他节点的 ID。由于每个节点和关键字仅出现一次，所以索引的存储空间成本为 $O(\hat{1} \cdot n)$，其中 $\hat{1}$ 表示平均节点关键字的大小。因此，空间成本与 G 的大小呈线性关系。如图 4.12 所示，CL-tree 结构可以按自底向上的方式逐层构建，时间复杂度为 $O(m \cdot \alpha(n))$。此外，有研究者还开发了用于 CL-tree 的索引维护算法[105]。图 4.12 展示了图 4.11 中的 CL-tree 索引。通过 CL-tree，研究者还提出了两种增量算法和一种减量算法。它们分别从不同大小的候选关键字集开始，寻找包含特定关键字的连通 k 核，并最终返回具有最大关键字集的结果。

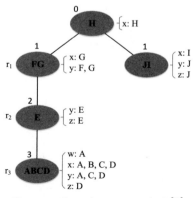

图 4.12　图 G 的 CL-tree 索引[9]

五、基于地理位置属性图的 k 核社区搜索

智能手机设备的普及和社交网络的发展导致了地理社交网络（GeoSNs）的快速增长，地理社交网络为基于位置的新型社交互动和广告创造了一片沃土。地理社交网络指的是基于地理位置信息的社交网络，其中用户的交互和连接是基于他们的地理位置。这种网络可能包括移动应用程序、社交媒体平台或在线社区，允许用户在特定地点或地理区域内进行交流、分享信息、约会或建立联系。这种类型的网络通常利用全球定位系统或其他位置识别技术来追踪用户的位置，并将其与其他用户的位置信息关联起来。地理社交网络的目的是帮助用户在现实世界中更好地连接和互动，例如，找到附近的朋友、发现周围的活动或分享在特定地点的体验。

考虑一个地理社交网络图 $G(V, E)$，它是一个无向图，包含节点集 V 和边集 E，其中每个节点 $v \in V$ 都有一个位置坐标（v.x, v.y），表示其在二维空间中的位置。地理社交网络广泛存在于许多基于位置的服务中，包括 Twitter、Facebook 和 Foursquare。图 4.13 描述了一个地理社交网络图的示例。

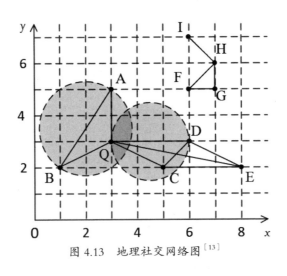

图 4.13　地理社交网络图[13]

关于地理社交网络，主要有三种类型的社区搜索查询：空间感知社区（SAC）

搜索[123]、半径限定 k 核（RB-k-core）搜索[124]和带有最小熟悉约束的地理社交群组查询（GSGQ）[125]。这些查询通常要求社区在结构上和空间上具有凝聚性。在结构上的凝聚性方面，它们采用了 k 核模型，但在空间上的凝聚性方面，它们使用不同的约束条件。在 SAC 搜索中，社区位于最小覆盖圆（MCC）内；在 RB-k-core 核搜索中，社区位于半径小于输入阈值的圆内；在 GSGQ 中，社区位于以查询节点为中心的给定矩形或圆形区域内。

（一）空间感知社区（SAC）搜索

最小覆盖圆和空间感知社区（SAC）搜索密不可分，其中，最小覆盖圆的概念已被广泛用于描述一组空间紧凑的对象[126,127]。

定义 4.5（最小覆盖圆）[127]：给定一组地理文本对象 G，其最小覆盖圆是将它们包围在内且直径最小的圆。

问题 9（SAC 搜索）[123]：给定一个社交网络图 G（V，E），一个正整数 k，一个节点 $q \in V$，返回一个子图 $G_q \subseteq G$，并且满足以下属性：

（1）连通性，G_q 是连通的并且包含节点 q；

（2）结构紧密性，$\forall v \in G_q, \deg_{G_q}(v) \geq k$；

（3）空间紧密性，满足属性（1）和属性（2）的 G_q 中节点的最小覆盖圆具有最小的半径。

满足属性（1）和属性（2）的子图被视为可行解，而同时满足所有三个属性的子图则被认为是最优解（用 Ψ 表示）。Ψ 所包含的最小覆盖圆的半径被表示为 r_{opt}。在图 4.13 中，两个圆分别代表 $C_1 = \{Q, C, D\}$ 和 $C_2 = \{Q, A, B\}$ 的最小覆盖圆。设 q=Q 且 k=2。由于 C_1 的最小覆盖圆半径为 1.5，C_2 的最小覆盖圆半径为 $\frac{\sqrt{13}}{2}$，因此最优解为集合 C_1，其 r_{opt} =1.5。

为了解决问题 9，Fang 等人[123]提出了一种最简单的求精确解的方法，这种方法的时间复杂度为 $O(m \times n^3)$，其中，m 是连边的数量，n 是图中节点的数量。这个方法基于空间圆的理论，其中空间圆可以通过其边界上的三个节点确定[126]。算法枚举所有的三个节点组合，在所有组合中找到一个连通的 k 核子图，该子图就是最优解 Ψ。

为了提高搜索效率，Fang 等人[123] 提出了两种近似算法。第一个名为 AppInc 的算法能在以 q 为中心、具有最小半径 δ 的圆 O（q,δ）内返回一个可行解，其近似比为 2。在图 4.14 中，假设 q=Q 且 k=2，AppInc 会返回 {A, B, Q} 的子图。

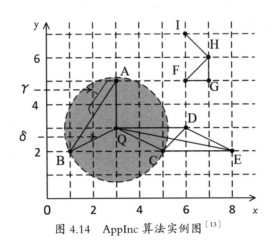

图 4.14　AppInc 算法实例图[13]

为了实现近似比为（1+ ϵ_A），其中 $0 < \epsilon_A < 1$，文献[123] 又提出了一种新的近似算法，即 AppAcc 算法。该算法首先确定包含圆心 ψ 的区域，然后将该区域划分为小网格来近似圆心位置，最后利用这些网格来找到一个近似解。总体来说，这些近似算法确保 ψ 的最小覆盖圆半径具有任意期望的近似比。基于 AppAcc 算法，Fang 等人[123] 还提出了一个改进的精确算法。值得注意的是，结果质量与算法效率之间存在权衡，通常情况下，具有较低近似比率的算法会伴随较高的复杂性。

（二）半径限定 k 核（RB-k-core）搜索

下面我们探讨半径限定 k 核（RB-k-core）搜索的问题，该问题致力于在大规模地理社交网络中寻找同时满足社交和空间约束的内聚子图。具体来说，利用 k 核来确保社交凝聚力，并借助半径有界的圆来界定用户在 RB-k-core 中的位置。

问题 10（RB-k-core 搜索）[124]：给定一个社交网络图 G（V，E），一个正整数 k，半径 r 和一个节点 q∈V，返回所有子图 $G_q \subseteq G$，并且满足以下属性：

（1）连通性，G_q 是连通的并且包含节点 q；

（2）结构紧密性，$\forall v \in G_q, \deg_{G_q}(v) \geq k$；

（3）空间紧密性，G_q 中节点的最小覆盖圆具有最小的半径为 $r' \leq r$；

（4）极大性约束，不存在其他子图 G_q' 满足上述属性并且 $G_q \subseteq G_q'$。

Wang 等人[124]提出了三种算法来解决问题 10，这些算法类似于 SAC 搜索，使用了最小覆盖圆，但对其半径做了约束。其中，第一种算法被称为 TriV，它是一种基于三元素节点的方法。该算法的设计基于这样的观察：一个空间圆可以由其边界上的三个节点确定。TriV 算法的工作流程是首先生成所有包含给定节点 q 的候选圆，其次计算半径为 $r' \leq r$ 的候选圆中子图的最大 k 核。TriV 算法的时间复杂度为 $O(m \times n^3)$。

为了减少候选圆的数量，Wang 等人[124]又提出了一种基于二元素节点的算法 BinV。在 BinV 中，只有半径为 $r' = r$ 的圆被作为候选圆。对于每个候选圆，其弧都经过图 G 中的一对节点。这样，对于每对节点，最多只生成两个圆，这将候选圆的数量减少到了 $O(n^2)$。

Wang 等人[124]又提出了一种名为 RotC 的新算法，旨在进一步提高效率。这个算法基于旋转圆的概念，在寻找 RB-k-core 的过程中充分利用了中间计算结果。RotC 算法固定每个节点 v∈V 作为一个极点，并以旋转的方式生成候选圆。这种方法允许候选圆之间共享计算成本，从而提高了算法的效率。此外，为了进一步减少计算量，Wang 等人[124]还引入了几种修剪技术，用于提前终止无效候选圆的处理。这些创新提高了算法的性能，并使其在解决问题 10 时更加高效。

（三）带有最小熟悉约束的地理社交群组查询（GSGQ）

地理位置社交网络的繁荣基于群组的活动规划和营销开辟了新的应用领域。尽管这些应用程序在很大程度上依赖于地理社交群组查询，但现有的研究未能在用户相识性方面产生一个有凝聚力的群体。Zhu 等人[125]提出了一种带有最小熟悉约束的地理社交群组查询（GSGQ）。

问题 11[125]（GSGQ）：给定一个社交网络图 G（V，E），一个节点 $q \in V$，一个正整数 k 和一个空间限制 Λ，返回一个子图 $G_q \subseteq G$，并且满足以下属性：

（1）连通性，G_q 是连通的并且包含节点 q；

（2）结构紧密性，$\forall v \in G_q, deg_{G_q}(v) \geq k$；

（3）空间紧密性，G_q 满足 Λ；

（4）极大性约束，不存在其他子图 G_q' 满足上述属性并且 $G_q \subseteq G_q'$。

Zhu 等人[125] 针对问题 11 提出了三种空间限制的考虑：

第一种约束是 Λ 是一个包含图 G_q 的空间矩阵。这种情况下，他们使用 R-tree 索引，在 O（n+m）的时间内可以解决空间受限的全局社交图查询（GSGQ）问题。

第二种约束是 Λ 是以 q 为圆心的圆，其半径小于 q 到图 G_q 中第 k 个最近节点的距离。这种情况下，GSGQ 查询可以在 O（n（n+m））的时间内求解。

第三种约束是 Λ 是满足第二个约束的圆，而图 G_q 恰好包含 k+1 个节点。这种情况下，GSGQ 查询需要 $O\left(C_k^{n-1}(m+n)\right)$ 的时间。

为了提高效率，Zhu 等人[125] 进一步提出了社交感知 R-tree（或 SaR-tree）索引，这个索引结合了节点的空间位置和社交关系，基于核心边界矩形（CBR）的概念构建，将最小度约束投影到空间层上。SaR-tree 的每条信息都包括一组 CBR 和一个最小边界矩形（MBR）。CBR 从社交角度限制了一组节点，而 MBR 从空间角度限制了节点。因此，SaR-tree 在基于社交和基于空间的修剪方面都具有优势。文献[125] 中还提出了 SaR-tree 的一个变体，称为 SaR*-tree，优化了空间对象组以最小化磁盘 I/O 成本。基于这些索引，Zhu 等人[125] 还开发了用于回答具有不同空间约束 GSGQ 的高效算法。

六、基于影响力的 k 核社区搜索

在社区搜索研究中，社区通常被定义为一个内部连接紧密的子图。然而，这种定义可能会忽视社区的另一个关键特性，即其"影响力"或"重要性"。在很多应用场景中，人们关心的是识别具有高影响力的社区。以下两个具体场景可以说明识别网络中最具影响力社区的重要性。

1. 张三是一名数据库研究员，他希望在多模态融合社区的合作者网络中找到最具影响力的研究团队。这样他可以了解多模态融合研究中的新趋势，利用这些有影响力的团队来跟踪他们的出版物和博客，从而深入研究。

2. 李四是一个社交网络用户，他对"人工智能""股票""篮球"这三个主题中最有影响力的社区感兴趣。通过关注这些社区，他可以及时了解这些领域的最新动态，并可能对这些数据进行进一步的分析。

下面笔者将通过两个方面去介绍基于影响力的 k 核社区搜索，即单维度影响力社区搜索和多维度影响力社区搜索。

（一）单维度影响力社区搜索

在这部分中，笔者描述了 k 影响力社区搜索的问题，即在大型网络中寻找具有影响力的社区。Li 等人[13] 提出了一种新的社区模型，称为 k 影响力社区，其中考虑了节点的重要性。为了有效地找到这种社区，提出的解决方案的核心思想是建立一个结合节点重要性和 k 核结构的索引，并开发基于索引的在线查询处理算法，以快速识别包含查询节点的 k 影响力社区。接下来，笔者将介绍相关定义和问题定义。

Li 等人[13] 提出了一种衡量社区影响力的方法，通过计算社区中所有节点的影响力重要性的最小值来衡量。考虑一个无向图 $G(V,E)$，其中，V 为节点集并且边集为 E。每个节点 $v \in V$ 都与一个权重 w_u 相关联，表示 u 的影响力（或重要性）。为了不失一般性，假设权重向量 $W = w_1,w_2,...,w_n$ 形成一个全序，即对于任何两个节点 v_i 和 v_j，如果 $i \neq j$，则 $w_i \neq w_j$。

定义 4.6（子图影响力分数）[13]：给定一个无向图 $G(V,E)$ 和一个图 G 的诱导子图 $H = (V_H, E_H)$，H 的影响力值表示为 $f(H)$，被定义为 H 中节点权重的最小值，即 $f(H) = \min_{u \in V_H} \{w_u\}$。

定义 4.7（k 影响力社区）[13]：给定一个无向图 $G(V,E)$ 和一个正整数 k。一个 k 影响力社区是一个图 G 中的诱导子图 $H^k = (V_H^k, E_H^k)$，满足以下限制条件：

（1）连通性，H^k 是连通的；

（2）结构紧密性，$\forall v \in H^k, \deg_{H^k}(v) \geqslant k$；

（3）最大结构，没有其他子图 $\tilde{H}$ 满足以下条件：①$\tilde{H}$ 同时满足连通性和紧密度限制；②$\tilde{H}$ 包含 H^k；③$f(\tilde{H}) = f(H^k)$。

例 4.8：如图 4.15 所示，当 k=2，节点集合 {A, C, D, F} 形成一个 2 影响力社区，其影响力值为 12，这是因为它满足定义 4.7 中的所有约束。然而，值得注意的是，节点集合 {C, D, F} 并不构成一个 2 影响力社区，这是因为它包含在由节点集合 {A, C, D, F} 形成的 2 影响力社区中，并且其影响力值与该 2 影响力社区的影响值相同，因此，它没有满足最大结构约束。

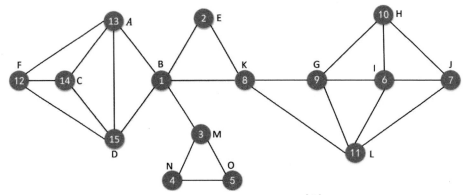

图 4.15　影响力社区搜索实例[13]

问题 12（Top-R k 影响力社区搜索）[13]：给定一个无向图 $G(V, E)$，一个权重向量 W，两个参数 k 和 r，问题是找到影响力值最高的 Top-R 个 k 影响力社区。

定义 4.8（非包含 k 影响力社区）[13]：给定一个无向图 $G(V, E)$ 和一个正整数 k。一个非包含 k 影响力社区 $H^k = (V_H^k, E_H^k)$ 是一个满足如下限制 k 影响力社区。

非包含关系：H^k 不能包含一个 k 影响力社区 $\bar{H}^k$，使得 $f(\bar{H}^k) > f(H^k)$。

例 4.9：如图 4.15 所示，假设 k=2，由定义 4.8 可知，由 {M, N, O}、{G, K, L} 和 {A, C, D} 组成的三个子图是非包含 2 影响力社区。但是，{A, C, D, F} 子图并不是非包含 2 影响力社区，因为它包含了一个影响力值更大的 2 影响力社区（{A, C, D} 子图）。

问题 13（Top-R 非包含 k 影响力社区搜索）[13]：给定一个无向图 G(V,E)，一个权重向量 W，两个参数 k 和 r，问题是找到具有最高影响值的 Top-R 个非包含 k 影响力社区。

Li 等人[13] 提出了一种在线搜索算法来计算 Top-R 个非包含 k 影响力社区。该算法首先计算图 G 的 k 核子图 G_c，然后通过迭代的方式从子图 G_c 中移除节点影响值最小的节点 u。

每次迭代中，移除影响值最小的节点 u，并进一步移除不属于 k 核的节点。每次迭代后，节点 u 所在的连通分量形成一个 k 影响力社区。最终进行 r 次迭代，得到 Top-R 个 k 影响力社区。如果在移除节点 u 后，u 所在的整个连通分量中的节点在 DFS 程序中被移除，则对应的连通分量被视为一个非包含式 k 影响力社区。相比之下，Chen 等人[128] 提出了一种反向搜索算法，它在每次迭代中将具有最大影响值的节点插入一个空的节点集合，并判断是否形成了 k 影响力社区。在文献[13, 128] 中的在线搜索算法需要访问整个图来获得 Top-R 非包含 k 影响力社区。为了解决这个问题，Bi 等人[129] 提出了一个局部搜索算法，该算法利用节点权值大于等于给定阈值 τ 的子图中的 k 影响力社区来计算 Top-R 个社区，从而减少了访问整个图的需求。

Li 等人[13] 又提出了一种索引结构，即 ICP 索引。该索引利用了 k 影响力社区之间的包含关系。ICP 索引将所有可能的 k 值对应的社区组织成一个树状结构，并通过压缩方法使得索引更加紧凑。在 ICP 索引中，树的每个非叶子节点代表一个 k 影响力社区，而每个叶子节点代表一个非包含 k 影响力社区，这一结构使得查询能够高效地进行。文献[13] 中证明了构建 ICP 索引的时间复杂度为 $O(m^{1.5})$ 和空间复杂度为 $O(m+n)$。

例 4.10：如图 4.15 所示，当 k=2 的情况，整个图是一个连通的 2 核社区，因此它是一个 2 影响力社区，这意味着树的根节点对应整个图形。在删除最小权重的节点 B 后，我们得到了 3 个 2 影响力社区，分别是由节点集合 {M, N, O}{I, J, K, G, H, L} 和 {F, A, C, D} 所组成的子图。这样，我们为根节点添加了 3 个子节点，分别代表这 3 个 2 影响力社区。由于节点 B 和 E 并不在这 3 个 2 影响力社区内，它们被存储在根节点中。这一递归思想应用于所有的 3 个 2 影响力社区。图 4.16

展示了图 4.15 中的图形对应的所有 k 的树形结构。

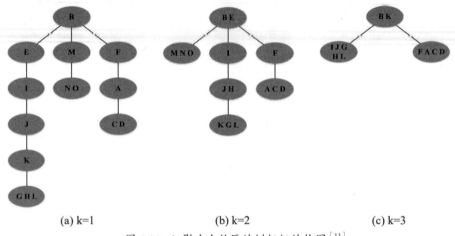

(a) k=1   (b) k=2   (c) k=3

图 4.16　k 影响力社区的树组织结构图[13]

Li 等人[130] 提出了一种用于计算 Top-R 个非包含 k 影响力社区的 I/O 高效算法。该算法假设图的所有节点都能在主内存中完全存储。它的核心思想是按照社区权重的降序进行计算，并且允许安全地删除权重较大的社区及其关联的边，而不会影响后续计算权重较小的社区。该算法的关键思想是按照权重递减的顺序计算 k 影响力社区，并且可以安全地删除权重大的社区（以及社区中的边），而不会影响计算权重较小的树节点算法的正确性。具体操作步骤如下：

（1）定义边权重 $w(e)$ 为边 $e=(u,v)$ 的最小节点权重 $\min\{w_u, w_v\}$；

（2）使用外部排序算法（可以使用节点 ID 进行排序）对边按权重进行非递增排序；

（3）按照排序后的顺序，将边加载到主内存，直到达到内存容量；

（4）在主内存中使用内存算法计算影响力社区；

（5）删除已计算的影响力社区及其相关边，然后继续加载新的边，直到内存达到容量；

（6）重复上述步骤，直到所有边都被处理。

例 4.11：考虑如图 4.16 所示的图形，当 k=2 并且限制内存最多可以存储 10

条边，算法将会在前三次迭代中加载不同的部分图，具体显示在图 4.17 中。

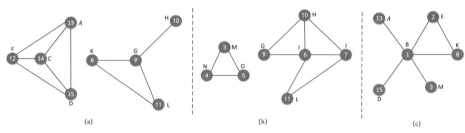

图 4.17　内存中部分图[130]

（二）多维度影响力社区搜索

Li 等人[112]研究了多维度的影响力社区搜索问题。该研究针对的是一个多值图 G（V, E, X），其中，V 代表节点集，E 代表边集，而 X（|X|=n）是由 d 维向量组成的集合。在多值图中，每个节点 v ∈ V 都与一个 d 维向量有关，记为 $X_v = (x_1^v, ..., x_d^v)$，其中，$X_v \in X$，$x_i^v \in \mathfrak{R}$。假设不失一般性，在 x_i 维度上，对于所有的 v ∈ V，x_i^v 形成一个严格的全序，即对于任何 u ≠ v，则 $x_i^v \neq x_i^u$。如果这个条件不成立，可以通过使用节点标识来打破平局，从而构建一个严格的全序。d 维向量 X_v 表示节点 v 相对于不同数值属性的值。文献[112]中的天际线社区搜索模型是基于文献[13]提出的一维有影响力社区模型。

定义 4.9[112]：设 $H(V_H, E_H)$ 和 $H'(V_{H'}, E_{H'})$ 是多值图 G 中的两个子图，对于所有 i = 1,...,d，如果 $f_i(H) \leqslant f_i(H')$，且对于某一 i 存在 $f_i(H) < f_i(H')$，则称 H′ 优于 H，记作 $H \prec H'$。

定义 4.10[112]：给定一个多值图 G（V, E, X）和正整数 k，参数为 k 的天际线社区是图 G 的子图 $H(V_H, E_H, X_H)$，满足以下性质：

（1）紧密性，H 是一个连通 k 核子图；

（2）天际线属性，G 中不存在一个子图 H′ 满足 H′ 是一个连通 k 核子图并且 $H \prec H'$；

（3）极大性，G 中不存在一个子图 H′ 满足：①H′ 是一个连通 k 核子图；②H′ 包含 H；③对于所有 i = 1,...,d, $f_i(H) = f_i(H')$。

问题 14（天际线社区搜索）[112]：给定一个多值图 G（V, E, X）和正整数 k，该问题在图 G 中找到参数为 k 的所有天际线社区。形式化定义为，设 H 是 G 中所有连通 k 核子图的集合。目标是计算 H 的一个子集 $\Re$，定义为 $\Re \triangleq \left\{ H \in \mathcal{H} \mid \neg \exists H', H^* \in \mathcal{H}: H \prec H', H \subset H^* \wedge f(H) = f(H^*) \right\}$，其中，$H \subset H''$ 表示 H 是 H'' 的一个子图并且 $H \neq H''$，$f(H) = f(H'')$ 表示对于 $i = 1, \ldots, d$，$f_i(H) = f_i(H'')$。

考虑图 4.18 中的示意图。图 4.18（a）显示了一个包含 6 个节点的图，图 4.18（b）是这些节点在三个不同维度上的值。假设 k=2，根据定义 4.10，$H_1 = \{v_1, v_2, v_3\}$ 是一个天际线社区，其值为 $f(H_1) = (8, 14, 3)$。因为不存在一个 2 核子图可以优于它，同时它也是满足连通和天际线属性的最大子图。类似地，$H_2 = \{v_2, v_4, v_5, v_6\}$ 也是一个天际线社区，其值为 $f(H_2) = (6, 8, 4)$。然而，子图 $H_3 = \{v_4, v_5, v_6\}$ 不是一个天际线社区，因为它包含在具有相同 f 值的 $H_2 = \{v_2, v_4, v_5, v_6\}$ 中。子图 $H_4 = \{v_2, v_3, v_4, v_5, v_6\}$ 也不是一个天际线社区，因为 H_1 和 H_2 优于 $f(H_4) = (6, 8, 3)$。

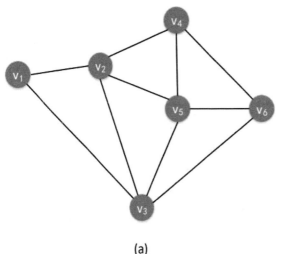

	x_1	x_2	x_3
v_1	8	14	7
v_2	9	15	12
v_3	11	17	3
v_4	6	16	4
v_5	7	8	5
v_6	10	9	10

(a)　　　　　　　　　　　　　(b)

图 4.18　多值图例子图[112]

Li 等人[112]首先提出了一种高效的算法，即 SkylineComm2D，用于找到二维情况下的所有天际线社区。该算法的时间复杂度为 $O(s(m+n))$，其中 s 表示二维天际线社区的数量。

针对高维情况（d≥3），Li 等人[112]又提出了一种高效天际线社区搜索算法，称为空间划分算法。这个算法的两个显著的改进点是：首先，其时间复杂度在最坏情况下主要取决于搜索结果的大小，因此在搜索结果较小的情况下表现出很高的效率；其次，在算法执行过程中，能够逐步输出天际线社区，因此对于只需要部分天际线社区的应用非常有用。

— 小结 —

在本章中，我们概述使用 k 核模型进行的社区搜索研究。对于简单图，研究可以分为两大类：第一类文献[16, 17, 18]是关于无向图的工作，而第二类文献[38]则专注于有向图。

在研究属性图的社区搜索时，需要同时考虑连接关系和属性信息，因为属性往往可以使得社区更具有实际意义和可解释性。针对不同的属性图，解决方案也各不相同。一般来说，研究者们采用在线和基于索引的算法来处理这些图的社区搜索问题。虽然基于索引的算法执行速度更快，但它们需要进行离线计算来构建索引。在实际应用中，由于社区模型是基于图模型构建的，查询用户可以根据图模型的特点选择适合的社区搜索方法。

第五章　支持结构扩展的社区搜索

一、问题提出

大多数社交网络研究都非常重视网络结构衡量标准的构造。许多这样的衡量标准已经被定义，能够准确地衡量各种各样的网络结构特征[60-63]。k 核在识别内聚子图结构方面发挥着重要作用，因此在许多与图相关的应用中得到了广泛的应用，例如社交网络分析、社区检测和协作网络。k 核定义为子图中每个节点至少具有 k 个邻居的最大连通子图。近年来，许多 k 核研究集中在 k 核分解[64-73]、k 核维护[74-80]、最大化影响力传播[81-85]等研究领域。

为了保证影响的传播最大化，许多研究都聚焦于最大化 k 核子图[1,2,86]。为了提高网络稳定性，已经有研究者思考在不同的背景下边添加问题了。文献[81]旨在将 b 条边添加到子图中，使其成为查询图上最大（具有最大节点）的 k 核子图。实际上，文献[82]讨论了添加最少边数以获得包含至少几个节点的 k 核子图。然而，这些先前的工作主要研究如何通过添加边来查询最大 k 核子图，本章专注于如何扩展现有的 k 核子图。传统的 k 核方法不能直接应用于扩展 k 核子图，因为不存在添加最少边来扩展 k 核子图的有效策略。虽然他们在该领域的贡献是显著的，但与现实生活应用存在差距，现实生活中不仅需要扩展社区规模，还需要新社区建立扩展社区结构的紧密度，例如通过协作团队组织或活动组织等。下面举了两个例子说明实际应用背景。

（一）团队协作完成任务

假设一个研究团队接到一个新项目，团队负责人招募了 5 个人，每名成员至少跟其他 3 名成员熟悉，形成 3 核的小组。由于这个新项目临时增加工作量，相应地，团队负责人需要再增加 5 名新成员，以便按时完成任务。为了保证良好的合作，团队负责人希望新团队组成一个 5 核的小组。但是，组长招募的成员可能不认识该组中的其他 5 名成员。在这个场景中，3 核小组应该被扩展，以满足团队良好合作的需要。

（二）活动组织

假设组织者希望举办一场狼人杀游戏，他希望有 8 人参与该游戏，并且每名参与者应该至少跟其他 4 名参与者熟悉。现团队中有 4 名参与者并且彼此熟悉，构成一个 3 核团队，需要增加另外 4 名参与者加入游戏。为了在这个游戏中获得更好的社会效益，每名参与者应该至少跟其他 4 名参与者熟悉。所以，在增加成员的基础上还要保证成员之间的熟悉度。

上述两个例子不仅要求扩展现有小组的规模，而且还需要扩展组的核值。同时，扩展小组的大小和核数面临的主要挑战是，选择最优的候选者使初始组中添加最少的边以便于更好地团队协作。但是，设计有效的算法来实现查询最优（或次优）解仍然是个挑战。基于上述问题以及挑战，本章提出了一种同时支持扩展现有社区的规模和核数的社区搜索问题，即结构扩展的社区搜索（SGEQ）。

本章主要创新总结如下：

（1）将结构扩展的社区搜索（SGEQ）形式化。本章是第一次定义和解决 SGEQ 问题，并且证明了它是 NP-hard 问题。

（2）设计了一个整体研究框架，其中使用三个阶段来添加最少边数以查询最佳团队。

（3）提出了两种不同算法用于 SGEQ 的高效查询处理，并通过理论有效验证了算法的有效性。

（4）进行了大量实验来证明提出的算法的有效性和效率。

二、问题定义与背景知识

（一）问题定义

在本部分，笔者形式化定义结构扩展的社区搜索（SGEQ）问题。给定一个初始子图 $G_k(V_k, E_k)$，它是大小为 $|V_k|$ 的 m 核子图。SGEQ 目的是查询大小为 $|V_{k+\Delta}| = (m+n)$ 的用户组，使得新的子图是一个（k+Δ）核子图并且要求添加最少的边数。SGEQ 表示为 $Q = (G_{k+\Delta}(V_{k+\Delta}, E_{k+\Delta}), m+n)(\Delta > 0)$，其中，（k+Δ）是扩展子图中每个节点的度数，$|V_{k+\Delta}| = (m+n)$ 是扩展子图的规模大小。

例 5.1：如图 5.1 所示，说明了一个 SGEQ 的示例。图 G 中包含 7 个节点及其节点之间的连边。用户提供初始子图 G_2，由 3 个节点 v_1、v_2、v_3 构成一个 2 核子图（如圆圈虚线中图所示）。SGEQ 旨在查询一个新社区 G_3，它是一个由 5 个节点组成的核为 3 的子图。为了查询符合要求的查询结果，分成两步来求解。第一步扩展图的大小满足查询条件的 5 个节点。当不满足查询要求的节点数时，查询选择最优节点添加到初始子图；当满足查询要求时，再验证是否符合图结构条件。第二步验证添加节点后是否满足图结构，如果不满足查询条件，算法扩展图结构达到查询条件中的 3 核子图。按照上述步骤，首先选择两个最优节点 u_1、u_2 加入初始子图，在这个示例图中，节点 u_1、u_2 都与初始子图有两条连边（明显要优于点 u_3、u_4）。由于新组成的子图不是 3 核子图，因此插入了 u_1 和 u_2 之间的连边。通过添加最少数量的连边，形成一个 3 核的子图。最后，SGEQ 查询一个由 5 个节点组成的 3 核子图 $\{v_1, v_2, v_3, u_1, u_2\}$，添加边数为 1（如实线中图所示）。

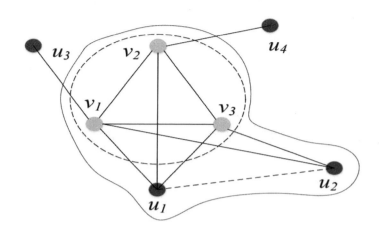

图 5.1　SGEQ 示例图

定理 5.1：SGEQ 查询是 NP-hard 问题。

证明 5.1：通过把 SGEQ 问题归约成一个经典的 NP 问题（最大团问题）来证明 SGEQ 是一个 NP-hard 问题。假设两个命题：

命题 1：判断图 G 中是否存在（k−1）团是 NP 完全问题。

命题 2：给定一个子图 g，可以决定是否在 G 中添加 k 个节点和相应的边，新的子图是一个 m 核 m=k−1 子图。

给定 G，可以将命题 1 中的命题归约到命题 2 中的命题，并构造以下图 G′：

（1）添加 g，其中 g 是（m−1）核子图；

（2）选择 g 中的任意节点 u 并且从节点 u 到 G 中的每个节点添加一条边。

假设：命题 2 为真当且仅当命题 1 为真。

首先证明必要条件。

若命题 2 为真，则 $\exists V_1, V_2, ..., V_m \in G$ 满足 $g \cup \{V_1, V_2, ..., V_m\}$ 是一个 m 核子图，在 V_i 上相对应的边只能在 $V_1, V_2, ..., V_m$ 和 u 之间。由于每个 V_i 的边数至少为 m，因此每个 V_i 有（k−1）条边 $V_1, V_2, ..., V_m$。设 k−1=m，这意味着子图组成 $V_1, V_2, ..., V_m$ 是一个 m 团。推出命题 1 为真。

然后证明充分条件。

如果命题 1 为真，则 $\exists V_1, V_2, \ldots, V_m \in G$ 形成一个 m 团。因此，如果将它们添加到 g（构造与上述相同），每个 $g \cup \{V_1, V_2, \ldots, V_m\}$ 中的节点本身至少有 m 条边，使得：

（1）对于 $V_1, V_2, \ldots, V_m$，每个 $g \cup \{V_1, V_2, \ldots, V_m\}$ 都有 m+1=k 条边；

（2）对于 $u_i \in g$，u_i 有（m-1）+1=m 条边，因为 g 是（m-1）核。

推出命题 2 为真。定理 5.1 证毕。

（二）背景知识

考虑一个社交网络图 G=（V，E），其中，节点集 V 表示用户集，边集 E 表示 V 中用户之间的社交关系。对于任意两个熟悉的用户，存在 (u，v)∈E。对于节点 v∈V，deg（v）表示 v 的度数。网络结构密度是社交网络中网络凝聚力的有效度量。为了查询最有网络结构紧密的熟悉群体，本章引入了 k 核的概念作为社会约束来度量结果社区的网络结构密度。

在本部分，笔者介绍相关定义和性质。

给定一个无向社交网络图 G=（V，E），G 的子图 $G_k(V_k, E_k)$，其中，G_k 是 k 核子图，$|V_k|=m$，节点集 $V_k=(v_1, \ldots, v_m)$，在社交网络图 G 中查询初始子图 $G_k(V_k, E_k)$ 的扩展子图 $G_{k|\Delta}(V_{k|\Delta}, E_{k|\Delta})$，其中 $|V_{k|\Delta}|=(m+n)$。当 G 中的节点 u（不属于子图 G_k）添加到子图 G_k 时，u 的贡献度定义为 $\deg^+(u)=\sigma(u, G_k)+\gamma(u, G_k)$。其中，$\sigma(u, G_k)$ 表示子图 G_k 中度数小于 （k+Δ）的节点与节点 u 相连的边数，$\gamma(u, G_k)$ 表示 u 和 G_k 之间的有效度数，E_c 表示 u 和 G_k 中的节点之间的连接边的数量。存在以下情况：（1）如果 $\gamma(u, G_k)<(k+\Delta)$，则 $\gamma(u, G_k)=E_c$；（2）如果 $\gamma(u, G_k)\geqslant(k+\Delta)$，则 $\gamma(u, G_k)=(k+\Delta)$。

定义 5.1（最小添边成本）：给定一个无向社交网络图 G=（V，E）和 G 的子图 $G_k(V_k, E_k)$，其中，G_k 是 k 核，$|V_k|=m$，SGEQ 查询结果为满足以下条件的扩展子图 $G_{k+\Delta}(V_{k+\Delta}, E_{k+\Delta})$：

（1）$|V_{k+\Delta}|=(m+n)$；

（2）$\forall v \in V_{k+\Delta}, \deg(v) \geqslant (k+\Delta)$；

（3）$\arg\min\left(\left|E_{k+\Delta}\right| - \left|E_k\right|\right)$（最小添边成本）。

定义5.2［最大贡献度节点（MCDV）］：给定一个无向社交网络组 G=（V，E）和 G 的子图 $G_k(V_k, E_k)$，其中 G_k 是 k 核，$\left|V_k\right| = m$ 和节点集 $V_k = (v_1, ..., v_m)$，查询目的是查询一个扩展子图 $G_{k+\Delta}(V_{k+\Delta}, E_{k+\Delta})$，其中，$\left|V_{k+\Delta}\right| = (m+n)$。MCDV 定义为 $\deg_{max}^+(u_i) = \max\{\sigma(u, G_k) + \gamma(u, G_k)\}$，$u_i \in G$。

此外，本章还提出了解决 SGEQ 算法的逻辑示意图。图 5.2 详细描述了 SGEQ 算法的研究框架，主要包括三个阶段：抽取数据、扩展 G_k 和确定最小添边数。首先，从社交网络图中抽取一个包含 m 个节点的 k 核初始子图 G_k，并查询所有连接到该子图的节点作为候选集 V。当子图发生变化时，候选集也随之更新。其次，通过插入最小数量的连边将包含 m 个节点的 k 核子图扩展到包含（m+n）个节点的（k+Δ）核子图。扩展的过程是通过在候选集中选择最优节点并每次将其插入 G_k 中来扩展子图 G_k 规模，直到子图包含节点个数为（m+n）。AMEA 算法将 G_k 的核扩展到（k+Δ）。最后，获得添加连边的最小数量。

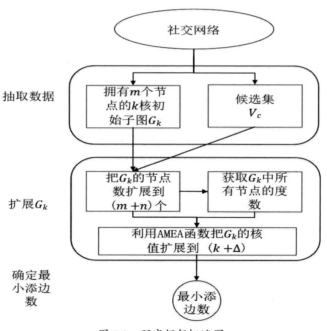

图 5.2　研究框架概述图

三、基于最多连接边的结构扩展方法

在图论中，当边被插入或删除时，节点的核数会被更新。现有的基于动态图的 k 核维护算法仅可以通过添加最少边数以获得至少包含最多节点的 k 核子图。在实际应用中，查询结果往往是有具体的人数限制的。为了有效地解决上述问题，本部分提出了基于最多连接边的结构扩展方法。

给定一个初始子图 G_k，它是包含 m 个点的 k 核子图，SGEQ 旨在通过同时添加新的节点和边来生成一个新子图 $G_{k+\Delta}$，并且 $G_{k+\Delta}$ 应该满足规模约束 $|V_{k+\Delta}| = (m+n)$ 的 $k+\Delta$）核子图并且增加的边数应该最少。但是，在实际问题中，很难同时扩展子图的规模和核数。为了有效地解决 SGEQ 问题，本部分首先提出基于最多连接边的结构扩展方法。图 5.3 基于最多连接边的结构扩展方法的框架图，主要分为两个步骤：图规模扩展和图结构扩展，给出算法核心思想如下。

1. 图规模扩展模块，具体包括：

（1）将初始子图的邻居节点作为选取待添加节点候选集，每次添加一个节点后，更新新子图的邻居节点作为候选集。

（2）计算候选集中所有节点与初始子图的连边数，选择与初始子图连边最多的节点并添加到初始子图。

（3）添加完节点后判断新子图中是否包含（m+n）个节点，当节点数为（m+n）时，图规模扩展模块结束；当节点数不到（m+n）时，算法迭代在候选集中并选取与初始子图连边最多的节点，直到节点数为（m+n）。

2. 图结构扩展模块，基于最多连接边的结构扩展方法调用基于最小添边数的结构扩展算法完成图结构扩展模块，具体包括：

（1）在初始子图经过图规模扩展模块达到查询条件要求的节点数后，判断新子图是否满足查询的结构要求。当满足结构要求时，整个算法结束，返回结果子图并且添边数为 0；当不满足结构要求时，进行添边操作。

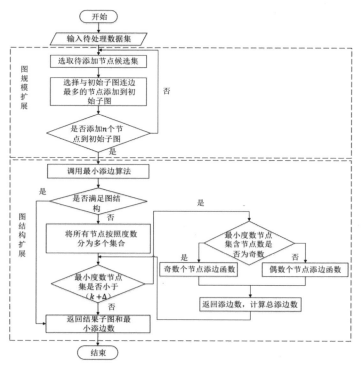

图 5.3　基于最多连接边的结构扩展方法框架图

（2）首先，按照节点度数将所有节点升序排序。其次，将所有节点按照度数大小分为多个集合，每个集合中包含相同度数的节点。判断最小度数节点集是否小于（k+Δ），当所有节点度数大于等于（k+Δ）时，整个算法结束，返回结果子图并且添边数；当所有节点度数小于（k+Δ）时，算法判断最小度数集合中节点个数是奇数还是偶数。

（3）当最小度数集合中节点个数是奇数时，调用奇数个节点添边算法；当最小度数集合中节点个数是偶数时，调用偶数个节点添边算法。算法迭代上述步骤，直到所有节点度数都大于等于（k+Δ）。最后，基于最小添边数的结构扩展算法返回结果子图和最小添边数。

（一）基于最多连接边的结构扩展算法执行过程

在本部分，笔者介绍基于最多连接边的结构扩展算法（MCEA）。由于整个算法是基于给定的初始子图并在子图上进行扩展操作，因此，方法预处理进行 k 核分解提供初始子图。首先，算法考虑包含 m 个点的 k 核子图 G_k 作为初始子图。其次，算法选择初始子图的邻居节点作为候选节点来设置 V_c，并从 V_c 中选择最优节点，使得 G 中的 G_k 形成一个新的子图。最后，如果新子图不满足（k+Δ）核，算法添加最少的边数以满足 SGEQ 查询（添加的边是图 G 中不包含的边）。

给定一个社交初始子图，该子图的大小为 m，它有一个 k 核，从 G 中选择最优节点添加到诱导子图 G_k。新子图 $G_{k+\Delta}$ 满足以下条件：（1）$|V_{k+\Delta}| = (m+n)$；（2）$\forall v \in V_{k+\Delta}$，$\deg(V) \geqslant (k+\Delta)$；（3）$\mathrm{argmin}(|E_{k+\Delta}| - |E_k|)$。MCEA 算法的伪代码如算法 5.1 所示。

算法 5.1　MCEA

输入：包含 m 个节点的 k 核初始子图 $G_k(V_k, E_k)$；扩展子图包含（m+n）个节点；扩展子图的核数为 $(k+\Delta)$；

输出：扩展子图 $G_{k+\Delta}(V_{k+\Delta}, E_{k+\Delta})$；最小添加边数 $\min_{add}$。

1. $V_c \leftarrow G_k$ 的所有邻居节点；

2. **while** $\mathrm{len}(V_k) \leqslant (m+n)$ **do**

3. 查询满足如下条件的节点 V_j：

4. $\max\left(\displaystyle\sum_{1 \leqslant i \leqslant p, 1 \leqslant j \leqslant q} e(u_i, v_j)\right)$ // 在候选集中查询与初始子图连边最多的节点 $(u_1, u_2, ..., u_p) \in$

$V_k, (v_1, v_2, ..., v_q) \in V_c$；

5. $V_k \leftarrow V_k + v_j$；// 将节点 v_j 加入到初始子图

6. $V_c \leftarrow V_c - v_j$；// 将节点 v_j 从候选集中删除

7. 更新 G_k，V_c；

8. **end while**

9. $G_{k+\Delta}, \min_{add} \leftarrow \mathrm{AMEA}(G_k(V_k, E_k), k+\Delta)$；

10. 返回 $G_{k+\Delta}$ 和 $\min_{add}$。

MCEA 算法返回 SGEQ 查询搜索的结果子图 $G_{k+\Delta}$ 和最小添边数 $\min_{add}$。

（1）根据用户给定的初始子图 G_k，算法从 G 中选择跟初始子图 G_k 有连边的所有邻居节点作为候选节点集 V_c。如上文所述，下面描述候选节点集选择的细节，选择子图 G_k 中每个节点，并将每个节点的相邻节点与子图中的节点进行比较。如果这个邻居节点在子图 G_k 中，那么算法继续访问下一个邻居节点。如果相邻节点不在子图 G_k 中，则将这个邻居节点加入候选节点集 V_c 中。

（2）算法进行图规模扩展算法。算法判断新子图中的节点是否满足（m+n）个，如果子图中节点数是（m+n）个，算法进入图结构扩展算法；如果子图中节点数不满足（m+n）个，那么算法每次从候选集 V_c 选择最优节点添加到 V_k 中，即跟初始子图具有最大连边数的节点。

（3）如果子图中的节点数小于（m+n）个，算法从候选节点集中依次取出一个节点计算跟初始子图中所有节点的连边数，最后在候选集中查询与初始子图连边最多的节点 v_j。笔者在此详细介绍算法中选择最优节点的过程。判断候选节点集中每个节点 v_j 与子图 G_k 中的每个节点 u_i 是否是邻居节点，如果不是邻居节点，那么选择子图 G_k 中的下一个节点；如果是邻居节点，那么节点 v_j 的度数增加 1。依次访问子图 G_k 中所有节点后，度数最大节点 v_j 就是算法选择的最优节点。最后，将度数最大的节点加入子图，形成一个新的子图。

（4）算法将选出来的最优节点 v_j 添加到初始子图 G_k 中。

（5）算法将选出来的最优节点 v_j 从候选节点集 V_c 中删除。

（6）更新子图 G_k 中的节点和连边并且同时更新候选节点集 V_c，子图加入节点 v_j 与初始子图相连的所有连边，候选节点集 V_c 更新为新子图节点的所有邻居节点。算法重复上述步骤，每次选择与子图 G_k 连边最多的节点直到子图中的节点数为（m+n）个，算法停止添加节点。

（7）在新子图包含节点数达到（m+n）个后，算法调用最小添边算法来实现图结构扩展算法。AMEA 算法（见算法 5.2 AMEA）会返回结果子图 $G_{k+\Delta}$ 并且计算出最小添边数。

（8）最终利用算法 MCEA 返回结果子图 $G_{k+\Delta}$ 和最小添边数 $\min_{add}$。

例 5.2：如图 5.4 所示，用一个实例说明 MCEA 算法。图 G 中包含 12 个节点及其节点之间的连边。初始子图 G_3 是由 6 个节点 $\{v_1,...,v_6\}$ 组成的核为 3 的子图（由浅色点组成的子图）。SGEQ 查询需要返回包含 10 个点的 4 核子图，即 $Q=\left(G_4\left(V_4,E_4\right),10\right)$。第一步，利用算法进行图规模扩展，将初始子图扩展成包含 10 个节点的子图。按照候选节点集中节点的顺序，算法每次选择与初始子图连边最多的节点，依次将节点 u_1，u_2，u_3，u_4 添加到初始子图中。第二步，调用 AMEA 算法求解最小添边数。先验证构成新的子图是否在添加节点后满足图结构，如果满足 4 核的图结构，算法返回当前子图并且最小添边数返回 0；如果不满足查询条件，算法扩展图结构以达到查询条件中的 4 核子图，算法依次将度数最小的两个节点之间添加一条边，并且计算最后的添边数。在图 5.4 中，节点 u_1、u_2、u_3、u_4、v_2、v_3 在新组成的子图中度数都为 3，节点 v_1 和 v_4 的度数为 4，节点 v_5 和 v_6 的度数为 8。度数最小的节点为 3 并且节点个数为 6，算法调用 Even Vertex 算法，将节点 u_1、u_2、u_3、u_4、v_2、v_3 中每两个节点之间添加一条边，

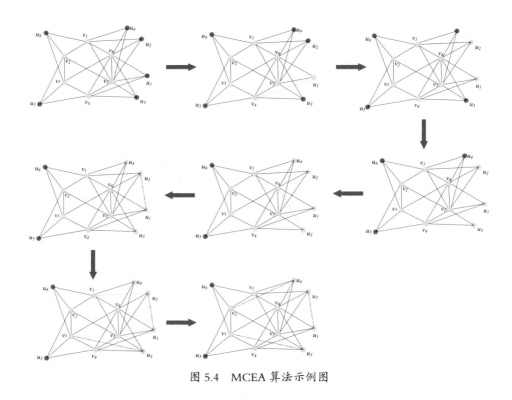

图 5.4　MCEA 算法示例图

分别在 u_1 和 u_2、v_2 和 u_4、v_3 和 u_3 之间各添加一条边。Even Vertex 算法返回添加边的个数为 3，接下来将节点 u_1、u_2、u_3、u_4、v_2、v_3 的度数增加 1，AMEA 算法判断新子图中所有节点度数都大于等于 4，算法终止。MCEA 算法返回包含 10 个节点的 4 核子图 $\{v_1, v_2, v_3, v_4, v_5, v_6, u_1, u_2, u_3, u_4\}$ 和最小添加边数 3。

（二）基于最小添边数的结构扩展算法

笔者在上文介绍了 MCEA 算法通过调用最小添边数的结构扩展算法（AMEA）来实现结构扩展的方法。当新的子图满足包含（m+n）个节点的图规模扩展后，新子图在添加最少数量的连边的情况下，将新子图扩展为一个（k+Δ）核子图，扩展过程的实质是对子图进行最小的修改。AMEA 算法的伪代码如算法 5.2 所示。

算法 5.2 AMEA

输入：初始子图被添加 n 个点之后形成的新子图 $G_k(V_k, E_k)$，扩展子图的核数为（k+Δ）；

输出：扩展子图 $G_{k+\Delta}(V_{k+\Delta}, E_{k+\Delta})$，最小填边数 $\min_{add}$。

1. 根据所有节点的度数拆分为 s 个集合 $(C_1, C_2, ..., C_s)$ 并且 $\deg(C_1) < \deg(C_2) < \cdots < \deg(C_s)$；

2. $e_{add} \leftarrow 0$；

3. if $\deg(\forall v \in V_k) \geq (k+\Delta)$ then

4. if $e_{add} \neq 0$ then

5. $e_{add} \leftarrow 0$；

6. G_k 是（k+Δ）核子图；

7. end if

8. else

9. $e_{add} \leftarrow 0$；

10. while $\deg(C_i \in V_k$ 升序排列$) < (k+\Delta)$ do

11. length=len(C_i)；

12. if $(length\%2) = 1$ then

算法5.2　AMEA
13. $\text{edge} \leftarrow \text{OddVertex}\left(C_i, V_k, \text{length}\right)$;
14. $e_{add} \leftarrow e_{add} + \text{edge}$;
15. 更新 G_k 和节点集 C_{i+1}，C_{i+2} ;
16. else
17. $\text{edge} \leftarrow \text{OddVertex}\left(C_i, V_k, \text{length}\right)$;
18. $e_{add} \leftarrow e_{add} + \text{edge}$;
19. 更新 G_k 和节点集 C_{i+1} ;
20. end if
21. end while
22. end if
23. $G_{k+\Delta} \leftarrow G_k$
24. 返回 $G_{k+\Delta}$ 和 e_{add}。

算法 AMEA 返回结果子图 $G_{k+\Delta}$ 和最小添边数 e_{add}。

（1）算法根据输入子图中每个节点的度数将整个子图所有节点分为 s 个节点集，其中 s 为所有节点中最大度数。这些集合按照升序排列表示为集合 $\deg\left(C_1\right) < \deg\left(C_2\right) < \cdots < \deg\left(C_s\right)$。

（2） e_{add} 代表最小添边数，初始化为 0。

（3）算法判断输入子图中所有节点的度数是否都大于等于（ $k+\Delta$ ）。如果所有节点的度数都大于等于（ $k+\Delta$ ），表示输入子图是（ $k+\Delta$ ）核子图；如果存在节点度数小于（ $k+\Delta$ ），那么算法通过添边策略构建（ $k+\Delta$ ）核子图。

（4）判断最小添边数 e_{add} 是否为 0。如果 e_{add} 的值不为 0，算法将 e_{add} 赋值为 0，输入子图 G_k 是（ $k+\Delta$ ）核子图；如果 e_{add} 的值为 0，算法将直接输入子图 G_k 和最小添边数 e_{add} 返回。

（5）当子图 G_k 不是（ $k+\Delta$ ）核子图时，算法也将 e_{add} 的值赋为 0。

（6）算法循环判断是否所有子图中的节点度数都小于（ $k+\Delta$ ）。如果所有节点度数都大于等于（k+Δ），子图 G_k 为（k+Δ）核子图，算法跳出循环；如果有节点度数小于（k+Δ），算法继续循环添加边直到子图为（k+Δ）核。

（7）算法计算第 i 个节点集中包含节点的个数并且赋值给变量 length。

（8）算法判断第 i 个节点集包含的节点个数是奇数个节点还是偶数个节点。

（9）如果第 i 个节点集包含的节点个数是奇数节点，算法调用 Odd Vertex 函数计算并返回第 i 个节点集添加的连边数。

（10）计算从第 1 个节点集到第 i 个节点集添加连边数的总和。

（11）算法更新子图 G_k。因为添加边的节点度数增加 1，所以算法需要更新节点集 C_{i+1}。然而，奇数个节点中有一个节点需要跟已经添边的节点中的一个节点进行二次添边，因此二次添边的节点度数增加 2。这时算法也需要更新节点集 C_{i+2}。

（12）如果第 i 个节点集包含的节点个数是偶数节点，算法调用 Even Vertex 函数计算并返回第 i 个节点集添加的连边数。

（13）计算从第 1 个节点集到第 i 个节点集添加连边数的总和。

（14）算法更新子图 G_k。因为添加边的节点度数增加 1，并且偶数个节点可以实现两两配对添边，所以算法仅仅需要更新节点集 C_{i+1}。

（15）将结果子图 G_k 赋值给 $G_{k+\Delta}$。

（16）最终算法 AMEA 返回结果子图 $G_{k+\Delta}$ 和最小添边数 e_{add}。

如上文所述，根据每个按照度数划分的节点集 C_i 的奇偶性，分为奇数个节点添边算法（Odd Vertex）和偶数个节点添边算法（Even Vertex）。下面分别介绍两个算法的基本策略。

1. 奇数个节点添边算法（Odd Vertex）

算法 5.3　Odd Vertex

输入：第 i 个集合 C_i，点集 V_k，集合 C_i 的长度 length；

输出：第 i 个集合 C_i 中插入边的数量 $insert_e$。

1. $slen = (length - 1)/2$；$insert_e \leftarrow 0$；$d \leftarrow deg(C_i)$；

2. for each $C \in permutation(C_i)$ do

算法 5.3 Odd Vertex
3. odd $\leftarrow 1$; even $\leftarrow 0$; insert $\leftarrow 0$;
4. while odd < length 并且满足 even < length do
5. if $C[odd]$ 不在 $C[even]$ 的邻居列表中 then
6. Insert $(C[odd], C[even])$;
7. $\deg(C[odd]) \leftarrow \deg(C[odd]) + 1$; $\deg(C[even]) \leftarrow \deg(C[even]) + 1$;
8. odd $\leftarrow$ odd $+ 2$; even $\leftarrow$ even $+ 2$; insert $\leftarrow$ insert $+ 1$;
9. else
10. odd $\leftarrow$ odd $+ 2$; even $\leftarrow$ even $+ 2$;
11. end if
12. end while
13. if slen = insert then
14. $C^* \leftarrow C$; $insert_e \leftarrow insert$;
15. break ;
16. else
17. if slen > insert 并且满足 insert > $insert_e$ then
18. $C^* \leftarrow C$;
19. $insert_e \leftarrow insert$;
20. end if
21. end if
22. end for
23. for each $v \in C^*$ 并且满足 $\deg(v) = d$ do
24. if $\deg(u \in C^*) > d$ 并且满足不在节点 v 的邻居列表中 then
25. Insert (v, u); $insert_e \leftarrow insert_e + 1$;
26. $\deg(u) \leftarrow \deg(u) + 1$; $\deg(v) \leftarrow \deg(v) + 1$
27. end if
28. end for
29. 返回 $insert_e$ 。

当度数为 i 的节点集 C_i 中的节点数为奇数时（如算法 5.3），如果节点两两配对添加连接边，那么节点集 C_i 中有一个节点在第一轮添边时不能跟其他节点配对。

（1）算法将节点集 C_i 包含点数减 1 后除以 2 赋值给变量 slen，变量 slen 代表第一轮配对节点对数量的上限。变量 $insert_e$ 代表最少添加边数，变量 d 代表节点集 C_i 包含节点的度数。

（2）函数 permutation（ C_i ）将节点集 C_i 中的节点进行排列，每种排列中节点的顺序不同，所有节点排列将一一进行添边验证。

（3）算法设置三个变量。变量 odd 代表奇数计数，变量 even 代表偶数计数，变量 insert 代表每种节点排列添边数。

（4）算法判断变量 odd 和 even 是否小于节点个数。如果小于节点个数，循环继续；如果大于节点个数，循环终止。

（5）算法每次取排列节点中相邻奇数和偶数节点，并且判断两个节点是不是邻居节点。

（6）如果两个节点不是邻居节点，则在两个节点之间添加一条边，节点 C［odd］和节点 C［even］的度数分别增加 1，并且变量 odd 和 even 同时增加 2，边数 insert 增加 1。

（7）如果两个节点是邻居节点，则两个节点之间不能添加边，变量 odd 和 even 同时增加 2，访问下一组相邻奇数和偶数节点。

（8）判断奇数节点和偶数节点是否全部都配对成功。如果当前节点排列集 C 添加边的数量等于第一轮配对节点对数量的上限 slen，那么节点排列集 C 中除最后一个节点没有添加边，其他对应奇数和偶数节点已完全两两配对添边。

（9）算法将当前节点组合集 C 赋值给 C^* 作为最终排列组合集的结果，添加的边数赋值给 $insert_e$ 作为该排列组合集的添边数，并且跳出该循环。

（10）当前节点排列集 C 添加边的数量小于第一轮配对节点对数量的上限 slen 并且大于节点组合集中最大添加边数，那么算法将当前节点排列集 C 赋值给 C^* 作为最终排列组合集的结果，添加的边数赋值给 $insert_e$ 作为该排列组合集的添边数，并且循环计算下一组排列集的添边数。

（11）算法遍历添边最多的排列节点集 C^* 中每个节点的度数，查询节点中度数为 d 的节点 v（没有添边的节点）。

（12）算法查询已经添边并且跟节点 v 不相邻的节点 u，在节点 v 和节点 u 之间添加一条边，边数 insert 增加 1，节点 v 和节点 u 的度数分别增加 1。

（13）算法返回节点集 C_i 添加的最少边数。

例 5.3：如图 5.5 所示，用一个实例说明奇数个节点添边算法（Odd Vertex）。图中包含 5 个节点 $\{v_1,...,v_5\}$，每个节点的度数为 2，变量 slen 初始值为 2，因此第一轮配对节点对数量的上限为 2。由于节点个数为奇数，算法将节点排列集中的最后一个节点不计算在第一轮添边之内，验证其余 4 个节点是否能两两节点配对添加边。Odd Vertex 函数将前 4 个节点进行排列，如果节点顺序为 v_1、v_2、v_3、v_4、v_5，那么节点 v_1 和 v_2、节点 v_3 和 v_4 分别进行配对。由于节点 v_2 是节点 v_1 邻居节点，并且 v_4 是节点 v_2 的邻居节点，因此两对节点之间不能添加边。算法调整节点排列顺序，注意可能存在多种节点排列顺序都是最优解。在图 5.5 中连接的三条边是其中一组最优解，节点排列顺序为 v_1、v_2、v_3、v_4、v_5。节点 v_1 和 v_3、节点 v_2 和 v_4 分别配对，由于节点 v_3 不是节点 v_1 邻居节点，并且节点 v_4 不是节点 v_2 的邻居节点，因此两对节点之间分别添加一条边。可以看出，添加边数 insert 等于第一轮配对节点对上限数，算法完成第一轮节点配对，节点 v_1、v_2、v_3、v_4 度数都增加 1，

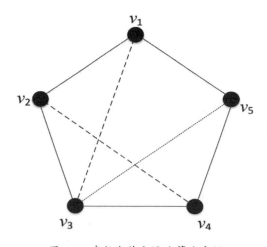

图 5.5　奇数个节点添边算法实例

将顺序为 v_1、v_2、v_3、v_4、v_5 的节点排列集储存到节点集 C^*。接下来，算法循环遍历节点集 C^* 查询度数等于 d 的节点，然后跟第一轮添边的节点配对进行二次添边。在实例中，只有节点 v_5 的度数等于 d，算法按照节点排列集的顺序依次判断度数大于 d 属于节点集 C^* 中节点是否与节点 v_5 是邻居节点。查询节点 v_3 符合要求，算法将节点 v_3 和 v_5 之间添加一条边并且更新两个节点的度数。最终，算法返回在集合 C_i 中添加的边数 $insert_e$ 为 3。

2. 偶数个节点添边算法（Even Vertex）

算法 5.4　Even Vertex

输入：第 i 个集合 C_i，点集 V_k，集合 C_i 的长度 length；

输出：第 i 个集合 C_i 中插入边的数量 insert。

1. $slen = length / 2$；$insert_e \leftarrow 0$；$d \leftarrow \deg(C_i)$；

2. **for** each $C \in permutation(C_i)$ **do**

3. odd $\leftarrow 1$；even $\leftarrow 0$；insert $\leftarrow 0$；

4. **while** odd $<$ length 并且满足 even $<$ length **do**

5. **if** $C[odd]$ 不在 $C[even]$ 的邻居列表中 **then**

6. $Insert(C[odd], C[even])$；

7. $\deg(C[odd]) \leftarrow \deg(C[odd]) + 1$；$\deg(C[even]) \leftarrow \deg(C[even]) + 1$；

8. odd $\leftarrow$ odd $+ 2$；even $\leftarrow$ even $+ 2$；insert $\leftarrow$ insert $+ 1$；

9. **else**

10. odd $\leftarrow$ odd $+ 2$；even $\leftarrow$ even $+ 2$；

11. **end if**

12. **end while**

13. **if** $slen = insert$ **then**

14. $C^* \leftarrow C$；$insert_e \leftarrow insert$；

15. 跳转至 29；

16. **else**

算法 5.4   Even Vertex
17. if slen > insert 并且满足 insert > $insert_e$ then
18. $C^* \leftarrow C$;
19. $insert_e \leftarrow insert$;
20. end if
21. end if
22. end for
23. for each $v \in C^*$ 并且满足 $\deg(v) = d$ do
24. if $\deg(u \in C^*) > d$ 并且满足不在节点 v 的邻居列表中 then
25. $Insert(v, u)$ $insert_e \leftarrow insert_e + 1$;
26. $\deg(u) \leftarrow \deg(u) + 1$; $\deg(v) \leftarrow \deg(v) + 1$;
27. end if
28. end for
29. 返回 $insert_e$ 。

当度数为 i 的节点集 C_i 中的节点数为偶数时（如算法 5.4），如果节点两两配对成功，那么节点集 C_i 中的所有节点都能增加一条连边。

（1）算法将节点集 C_i 包含点数除以 2 赋值给变量 slen，变量 slen 代表第一轮配对节点对数量的上限。变量 $insert_e$ 代表最少添加边数，变量 d 代表节点集 C_i 包含节点的度数。

（2）函数 permutation(C_i) 将节点集 C_i 中的节点进行排列，每种排列中节点的顺序不同，所有节点排列集将进行添边操作找出最优组合。

（3）算法设置三个变量。变量 odd 代表奇数计数，变量 even 代表偶数计数，变量 insert 代表每种节点排列添边数。

（4）算法判断变量 odd 和 even 是否小于节点个数。如果小于节点个数循环继续；如果大于节点个数循环终止。

（5）算法每次取排列节点中相邻奇数和偶数节点，并且判断两个节点是不是邻居节点。

（6）如果两个节点不是邻居节点，则在两个节点直接添加一条边，节点 C [odd] 和节点 C [even] 的度数分别增加 1，并且变量 odd 和 even 同时增加 2，边数 insert 增加 1。

（7）如果两个节点是邻居节点，则两个节点之间不能添加边，变量 odd 和 even 同时增加 2，访问下一组相邻奇数和偶数节点。

（8）判断奇数节点和偶数节点是否全部都配对成功。如果当前节点排列集 C 添加边的数量等于第一轮配对节点对数量的上限 slen，那么节点排列集 C 中所有对应奇数和偶数节点已完全两两配对添边。

（9）算法将当前节点组合集 C 赋值给 C^* 作为最终排列组合集的结果，添加的边数赋值给 $insert_e$ 作为该排列组合集的添边数，并且跳转至（13），算法直接返回节点集 C_i 添加的最少边数。

（10）当前节点排列集 C 添加边的数量小于第一轮配对节点对数量的上限 slen 并且大于节点组合集中最大添加边数，那么算法将当前节点排列集 C 赋值给 C^* 作为最终排列组合集的结果，添加的边数赋值给 $insert_e$ 作为该排列组合集的添边数，并且循环计算下一组排列集的添边数。

（11）算法遍历添边最多的排列节点集 C^* 中每个节点的度数，查询节点中度数为 d 的节点 v（没有添加的节点）。

（12）算法查询已经添边并且跟节点 v 不相邻的节点 u，在节点 v 和节点 u 之间添加一条边，边数 insert 增加 1，节点 v 和节点 u 的度数分别增加 1。

（13）算法返回节点集 C_i 添加的最少边数。

例 5.4：如图 5.6 所示，用一个实例说明偶数个节点添边算法（Even Vertex）。图中包含 6 个节点 $\{v_1,...,v_6\}$，每个节点的度数为 2，变量 slen 初始值为 3，因此第一轮配对节点对数量的上限为 3。由于节点个数为偶数，算法将验证 6 个节点是否能两两节点配对添边。Even Vertex 函数将节点排列集中 6 个节点进行排列，如果节点顺序为 v_1、v_2、v_3、v_4、v_5、v_6，那么节点 v_1 和 v_2、节点 v_3 和 v_4、节点 v_5 和 v_6 分别进行配对。由于节点 v_2 是节点 v_1 邻居节点，节点 v_4 是节点 v_3 的邻居节点，节点 v_6 是节点 v_5 的邻居节点，因此两对节点之间不能添加边。

算法调整节点排列顺序，注意可能存在多种节点排列顺序都是最优解。在图 5.6 中连接的三条边是其中一组最优解，节点排列顺序为 v_1、v_2、v_3、v_4、v_5、v_6。节点 v_1 和 v_4、节点 v_2 和 v_5、节点 v_3 和 v_6 分别配对，由于节点 v_4 不是节点 v_1 邻居节点，节点 v_5 不是节点 v_2 的邻居节点，节点 v_6 不是节点 v_3 的邻居节点，因此三对节点之间分别添加一条边。可以看出，添加边数 insert 等于第一轮配对节点对上限数，算法完成第一轮节点配对，节点 v_1、v_2、v_3、v_4、v_5、v_6 度数都增加 1，将顺序为 v_1、v_2、v_3、v_4、v_5、v_6 的节点排列集储存到节点集 C^*。因为所有节点都已经添边，所以算法终止。最终，算法返回在集合 C_i 中添加的边数 $insert_e$ 为 3。

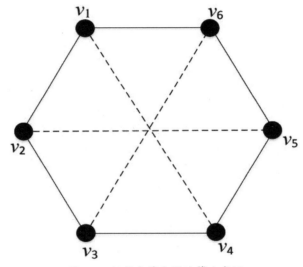

图 5.6　偶数个节点添边算法实例

定理 5.2：给定点数为 m 的 k 核子图 G_k，目标是查询节点数为（m+n）的（k+Δ）核子图 $G_{k+\Delta}$。添加 n 个用户后，G_k 扩展为 G_k'，G_k' 不是（k+Δ）核子图。如果将子图 G_k' 通过结构扩展算法扩展成（k+Δ）核子图，那么当且仅当每次添边时选择 G_k' 子图中两个边数最少的节点配对，这样使 G_k' 成为（k+Δ）核子图添加的连边数量是最少的。

证明 5.2：子图 G_k' 成为（k+Δ）核的本质是增加小于（k+Δ）的节点的度数。如果将一条边添加到子图 G_k' 中，则添边的两个节点的度数最多可以改变 1。假设节点 x 和 y 是子图（k+Δ）中度数最小的两个节点，并且它们之间没有连边。

为了节点 x 和节点 y 的度数增加 1，节点 x 和节点 y 需要分别添加至少一条边，假定在节点 x 和 u、节点 y 和 w 之间各添加一条边。如果移除连边（x, u）和（y, w），并且添加连边（x, y），下面考虑三种情况。

1. 对于节点 u，w ∉ G_k' 的情况，如果总边数减少 1，但子图 G_k' 的总度数不变（如图 5.7 所示）。

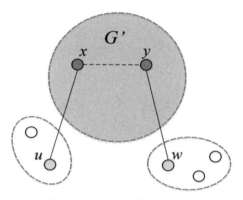

图 5.7　定理 5.2 第一种情况

2. 对于 u ∉ G_k'，w ∈ G_k' 的情况，为了保持子图 G_k' 的总度数不变，节点 w 需要添加另一条边（如图 5.8 所示）。如果节点 w 连接到 G_k' 中的节点，则总度数将增加 1；如果节点 w 连接的节点不在 G_k' 中，则总度数将不变。

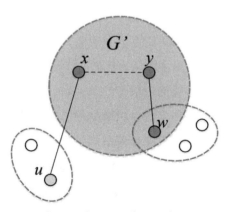

图 5.8　定理 5.2 第二种情况

3. 对于 u, w ∈ G_k^i 的情况，为了保持子图 G_k^i 的总度数不变，节点 w 和节点 u 之间需要添加另一条边（如图 5.9 所示）。如果节点 w 或节点 u 中任意一个节点连接的节点在 G_k^i 中，则总度数不变，总边数不变；如果节点 w 和节点 u 连接的节点都在 G_k^i 中（但彼此不相连），则总度数增加 2，总边数增加 1 条；如果节点 w 或节点 u 中任意一个节点连接的节点在 G_k^i 中，另外一个节点连接的节点不在 G_k^i 中，则总度数增加 1，总边数增加 1 条；如果节点 w 和节点 u 连接的节点都不在 G_k^i 中，则总度数不变，总边数增加 2 条。这表明修改初始算法并添加连接边 x 和 y 与初始算法等效或删除一条边，命题成立。

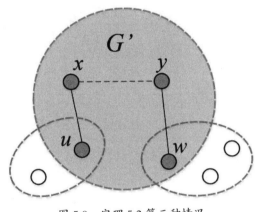

图 5.9　定理 5.2 第三种情况

四、基于最大贡献度的结构扩展方法

基于最多连接边算法结构扩展方法有着明显的不足之处。在算法的图规模扩展阶段选择的节点会影响后续图结构扩展的添边数，当算法在候选集 V_c 中选择候选节点时，尽管每次选择连边最多的节点，但是选择的节点对于整个图结构贡献的有效度数不一定是最多的。当添加的节点数量级较大时，图结构扩展中添加边数的代价将会增加，不能保证添加最少边数完成扩展核结构。本部分提出最大贡献度的结构扩展算法（MCDA），能够有效地在候选集中选择最优节点，减少最终添加边数。

（一）基于最大贡献度的结构扩展算法思想

根据定义 5.2，给定一个无向社交网络组 $G = (V, E)$，G 的子图 $G_k = (V_k, E_k)$，其中，G_k 是 k 核子图，$|V_k| = m$，查询目标是查询一个扩展子图 $G_{k+\Delta} = (V_{k+\Delta}, E_{k+\Delta})$，其中 $|V_{k+\Delta}| = m+n$。最大贡献度节点由两部分组成：第一部分是节点 u_i 和子图 G_k 之间的有效度数 $\sigma(u, G_k)$ 第二部分是子图 G_k 中与节点 u_i 相连并且度数小于（$k+\Delta$）的节点数 $\sigma(u_i, G_k)$。最大贡献度节点 $\deg_{max}^+(u_i) = \max\{\sigma(u, G_k) + \gamma(u, G_k)\}, u_i \in G$。当节点 u_i 与子图 G_k 中节点相连时，子图 G_k 中度数大于等于（$k+\Delta$）的节点再添边已经对整个子图中的有效总度数没有任何贡献。因此，如果节点 u_i 度数小于（$k+\Delta$）时，节点 u_i 与子图 G_k 中度数大于等于（$k+\Delta$）的节点相连对于整个子图的有效贡献度数为 1；如果节点 u_i 度数大于等于（$k+\Delta$）时，节点 u_i 与子图 G_k 中度数大于等于（$k+\Delta$）的节点相连对于整个子图的有效贡献度为 0；只有当节点 u_i 度数小于（$k+\Delta$）并且节点 u_i 与子图 G_k 中度数小于（$k+\Delta$）的节点相连时，对于子图 G_k 的有效贡献度才能达到最大值 2。而对于后续的图结构扩展来说，子图 G_k 中的有效总度数越多，子图 G_k 扩展为（$k+\Delta$）核子图所需添加的边数越少。MCDA 算法的伪代码如算法 5.5 所示。

算法 5.5 MCDA

输入：包含 m 个节点的 k 核初始子图 $G_k(V_k, E_k)$；扩展子图包含（m+n）个节点；扩展子图的核数为 $(k+\Delta)$；

输出：扩展子图 $G_{k+"}(V_{k+"}, E_{k+"})$；最小添加边数 $\min_{add}$。

1. $V_c \leftarrow G_k$ 的所有邻居节点；

2. $\deg(u \in V_k) \leftarrow$ 计算子图 G_k 中每个节点的度数；

3. **while** $len(V_k) \leqslant (m+n)$ **do**

4. $max \leftarrow 0$；

5. **for** each $v \in V_c$ **do**

6. $cnt \leftarrow 0$；

算法 5.5 MCDA
7. for each u $\in V_k$ do
8. if $\deg(u) < (k + \Delta) \cap \deg(v) < (k + \Delta)$ then
9. cnt $\leftarrow$ cnt $+2$; $\deg(v) \leftarrow \deg(v) + 1$;
10. else
11. if $\deg(u) \geqslant (k + \Delta) \cap \deg(v) < (k + \Delta)$ then
12. cnt $\leftarrow$ cnt $+1$; $\deg(v) \leftarrow \deg(v) + 1$;
13. else
14. if $\deg(u) < (k + \Delta) \cap \deg(v) \geqslant (k + \Delta)$ then
15. cnt $\leftarrow$ cnt $+1$; $\deg(v) \leftarrow \deg(v) + 1$;
16. end if
17. end if
18. end if
19. end for
20. if cnt > max then
21. max $\leftarrow$ cnt ; $v_{max} \leftarrow v$;
22. end if
23. end for
24. $V_k \leftarrow V_k + v_{max}$, $V_c \leftarrow V_c - 1$;
25. 更新 G_k, V_c ;
26. end while
27. $G_{k+\Delta}, \min_{add} \leftarrow AMEA(G_k(V_k, E_k), k + \Delta)$
28. 返回 $G_{k+\Delta}$ 和 $\min_{add}$ 。

（二）基于最大贡献度的结构扩展算法执行过程

MCDA 算法返回 SGEQ 查询搜索的结果子图 $G_{k+\Delta}$ 和最小添边数 $\min_{add}$ 。

（1）根据用户给定的初始子图 G_k，算法从 G 中选择跟初始子图 G_k 有连边的所有邻居节点作为候选节点集 V_c。

（2）算法计算子图 G_k 中每个节点的度数。

（3）算法进行图规模扩展。算法判断新子图中的节点是否满足（m+n）个，如果子图中节点数是（m+n）个，算法进入图结构扩展方法；如果子图中节点数不满足（m+n）个，那么算法每次从候选集 V_c 中选择最大贡献度节点添加到 V_k。

（4）将变量 max 赋值为 0，变量 max 存储最大贡献度数。

（5）循环计算候选集 V_c 中每个节点 v 的贡献度。

（6）将变量 cnt 赋值为 0，变量 cnt 存储每个节点 v 的贡献度。

（7）循环计算子图 V_k 中每个节点 u 与节点 v 的有效度数。

（8）如果节点 u 度数小于（k+Δ），并且节点 v 度数小于（k+Δ），那么节点 v 度数增加 1，有效度数 cnt 增加 2。

（9）如果节点 u 度数大于等于（k+Δ），并且节点 v 度数小于（k+Δ），那么节点 v 度数增加 1，有效度数 cnt 增加 1。

（10）如果节点 u 度数小于（k+Δ），并且节点 v 度数大于等于（k+Δ），那么节点 v 度数增加 1，有效度数 cnt 增加 1；如果节点 u 度数大于等于（k+Δ），并且节点 v 度数大于等于（k+Δ），那么有效度数 cnt 不变。

（11）如果节点 v 的贡献度大于当前存储最大贡献度 max，那么将节点 v 的贡献度赋值给当前存储最大贡献度 max，节点 v 赋值给最大贡献度节点 v_{max}。

（12）将最大贡献度节点 v_{max} 添加到初始子图 G_k，并且在候选集 V_c 中删除节点 v_{max}。

（13）算法更新初始子图 G_k 和候选集 V_c。

（14）在新子图扩展节点数达到（m+n）后，算法调用最少添边算法来实现图结构扩展方法，通过 AMEA 算法返回最终的结果子图 $G_{k+\Delta}$ 并且计算出最小添边数。

（15）最终利用算法 MCEA 返回结果子图 $G_{k+\Delta}$ 和最小添边数 min_{add}。

例 5.5：如图 5.10 所示，用一个实例说明 MCDA 算法。图 G 中包含 12 个节点及其节点之间的连边。初始子图 G_3 是由 6 个节点 { v_1，...，v_6 } 组成的核为

3 的子图（由浅色点组成的子图）。SGEQ 查询需要返回包含 10 个点的 4 核子图，即 $Q=\left(G_4\left(V_4,E_4\right),10\right)$。第一步，利用算法进行图规模扩展将初始子图扩展成包含 10 个节点的子图。按照候选集中节点贡献度的大小，算法每次选择与对初始子图贡献度最大的节点，依次将节点 u_5、u_2、u_1、u_4 添加到初始子图中。第二步，调用 AMEA 算法求解最小添边数。先验证构成新的子图是否在添加节点后满足图结构，如果满足 4 核的图结构，算法返回当前子图并且最小添边数返回 0；如果不满足查询条件，算法扩展图结构达到查询条件中的基于最大贡献度的结构扩展 4 核子图，算法依次将度数最小的两个节点之间添加一条边，并且计算最后的添边数。在图 5.10 中，节点 u_1、u_2、u_4、u_5 度数为 3，节点 v_1、v_2、v_3

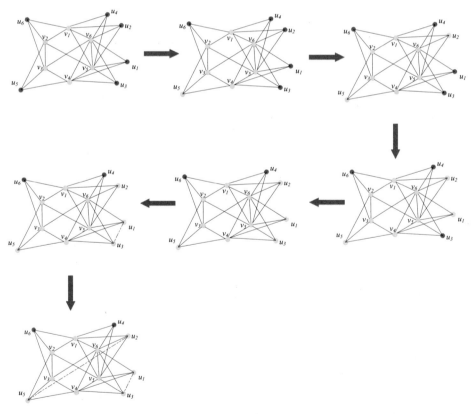

图 5.10　MCDA 算法示例图

度数为 4，节点 v_5 和 v_6 度数为 7。度数最小的节点为 3 并且节点个数为 4 个，算法调用 Even Vertex 算法，将节点 u_1、u_2、u_4、u_5 中每两个节点之间添加一条边，分别在节点 u_1 和 u_2、u_4 和 u_5 之间各添加一条边。Even Vertex 算法返回添加边的个数为 2，接下来将节点 u_1、u_2、u_4、u_5 的度数增加 1，AMEA 算法判断新子图中所有节点度数都大于等于 4，算法终止。MCDA 算法返回包含 10 个节点的 4 核子图 $\{ v_1，v_2，v_3，v_4，v_5，v_6，u_1，u_2，u_4，u_5 \}$ 和最小添加边数 2。与 MCEA 算法相比，MCEA 和 MCDA 选择的节点是不同并且 MCDA 算法添加的边数比 MCEA 算法少 1 条。

（三）复杂度分析

在本部分中，笔者分析本章提出的算法 MCEA 和算法 MCDA 的时间复杂度。首先，引入最简单的枚举算法的时间复杂度，算法的细节如下。给定一个社交网络图 $G(V, E)$，使得 $|V| = P$ 和 $|E| = Q$，设定一个 k 核初始子图 $G_k = (V_k, E_k)$，使得 $|V_k| = P$ 和 $|E_k| = q$。新的扩展子图 $G_{k+\Delta} = (V_{k+\Delta}, E_{k+\Delta})$，使得 $|V_{k+\Delta}| = i$，$|E_{k+\Delta}| = j$。算法从社交网络图 G 中选择（i-p）个节点添加到初始子图 $G_k = (V_k, E_k)$ 中，验证是否是最优结果。因此图规模扩展需要枚举的组合总数为 C_{P-p}^{i-p}。其次，计算图结构扩展方法的时间复杂度。设定 $\Delta = \delta$，子图 $G_{k+\Delta}$ 包含节点的个数为 i，每次添边的最多次数为 $i/2+1$，所以图结构扩展方法的时间复杂度为 $O(\delta \times (i/2+1))$。枚举算法总的时间复杂度为 $O\left(C_{P-p}^{i-p} + \delta \times (i/2+1)\right)$。

由于枚举算法的时间复杂度太大，在图数据量极大的情况下，无法在多项式时间内计算出结果。本章提出了基于最大连接边的结构扩展算法（MCEA），每次都搜索一个最优解，即添加的节点与初始子图的连边最多。当算法添加 n 节点后，所有节点按照度数升序排列，每次在度数最小的两个节点之间添加以更新它们的度数。MCEA 算法的时间复杂度为 $O\left(p + (1-p) \times \overline{\deg(V)} \times p + \delta \times (i/2+1)\right)$，其中，p 为初始子图包含节点数，（i-p）表示从社交网络图 G 中添加到子图 G_k 中的节点数，$\deg(V)$ 表示数据集中节点平均度数，$\delta \times (i/2+1)$ 如上文所述是图结构扩展方法的时间复杂度。基于最大贡献度的结构扩展算法（MCDA），每次选择添加贡献度最大的节点。算法 MCDA 的时间复杂度为 $O\left(p + (1-p) \times \overline{\deg(V_{contri})} \times p + \delta \times (i/2+1)\right)$，其

中 $\overline{\deg(V_{contri})}$ 代表数据集中节点的平均贡献度,其余变量均与 MCEA 算法中相同。与 MCEA 算法相比,MCDA 算法每次在候选集中选择的节点对于增加核值更有效。但是,由于 MCDA 算法每次都需要计算候选集中节点的最大贡献度,因此 MCDA 运行时间比 MCEA 算法更慢。

五、实验测试与分析

(一)实验设置

1. 实验环境

本章所有实验均在 Python 中实现相关算法在 JetBrains PyCharm 社区版 2018.3.2 上运行,实验主机采用双核 Intel Core (TM) i7-4790 处理器,主频 3.60 GHz,内存 8GB,硬盘 1TB,操作系统为 Microsoft Windows 7 Ultimate Edition。

2. 算法

本工作是首次提出 SGEQ 问题的工作,之前没有相关工作可以解决社交图中的 SGEQ 问题。在本章中,笔者提出了两种算法来解决 SGEQ 问题,即基于最大连接边的结构扩展算法(MCEA)和基于最大贡献度的结构扩展算法(MCDA)。

3. 数据集

本章使用了四个数据集,即 Facebook、LastFM、Brightkite 和 DBLP 来评估本章提出的两种算法。实验中使用的四个数据集都是无向图,数据集属性见表 5.1,数据集中列出了数据集名称、节点数量、边数量、最大度数、平均度数。选择不同的数据集进行实验,会对实验结果的分析更有帮助。

表 5.1 数据集

数据集名称	节点数量	边数量	最大度数	平均度数
Facebook	4,039	88,234	1,098	43.70
LastFM	7,624	27,806	834	7.29

续表

数据集名称	节点数量	边数量	最大度数	平均度数
Brightkite	58,228	214,078	1,134	7.35
DBLP	977,288	3,432,273	2,145	7.02

4. 参数设置

实验使用四个参数的不同设置进行，分别是 k（初始子图的核值）、m（初始子图包含的节点数）、k+Δ（扩展子图的核值）和 m+n（扩展子图包含的节点数）。参数范围如表 5.2 所示。我们将 k 的范围设置为 3—5，将 m 的范围设置为 5—9，将 k+Δ 范围设置为 4—7，将 m+n 范围设置为从 10—13。根据不同的初始图，选择不同的 m+n 和 k+Δ 参数。

表 5.2 数据集参数

变量	范围	缺省值
k	3, 4, 5	3
m	5, 7, 9	5
k+Δ	4—7	6
m+n	10—13	11

（二）数据集中算法的有效性

在本部分中，笔者验证了两种算法 MCEA 和 MCDA 在四个数据集 Facebook、LastFM、Brightkite 和 DBLP 中解决 SGEQ 问题的有效性。首先，实验分别设置在 m=5、k=3、k+Δ=5 和 m=5、k=3、k+Δ=6 两种情况下，调整扩展子图包含节点数的多少，观察随着包含节点数的增长对于添边数的影响。其次，实验分别设置在 m=5、k=3、n+m=11 和 m=5、k=3、n+m=13 两种情况下，调整扩展子图核数的大小，观察随着扩展核数的增加对于添边数的影响。

1.初始子图大小对添边数的影响

实验设置为 m=5、k=3、k+Δ=5 的实验图见图 5.11 所示，实验将新扩展子图包含节点数依次从 10 增加到 13。在四个数据集中，MCDA 算法添加的边数都会比 MCEA 算法中的添加边数少，说明 MCDA 算法的有效性在四个数据集中都要优于 MCEA 算法。在数据集 Facebook 和 Brightkite 中，随着节点数增加，扩展子图添加边数会逐渐减少，因为随着节点数增加，初始子图更加紧密；在数据集 LastFM 和 DBLP 中，随着节点数增加，扩展子图添加边数会逐渐增加，因为随着节点数增加，初始子图更加稀疏。在数据集 Facebook 和 LastFM 中，平均增加的边数比较少，因为在这两个数据集中节点数和边数较少。在数据集 Brightkite 和 DBLP 中，平均增加的边数比较多，因为在这两个数据集中节点数和边数较多。

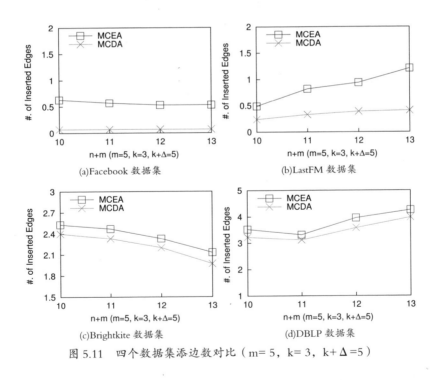

(a)Facebook 数据集   (b)LastFM 数据集

(c)Brightkite 数据集   (d)DBLP 数据集

图 5.11　四个数据集添边数对比（m= 5，k= 3，k+Δ=5）

实验设置为 m=5、k=3、k+Δ=6 的实验图见图 5.12 所示，实验将新扩展子图包含节点数依次从 10 增加到 13。在四个数据集中，MCDA 算法添加的边数都会比 MCEA 算法中的添加边数少，同样，在此设置中，MCDA 算法的有效性在四个数据集中都要优于 MCEA 算法。在数据集 Facebook 中，MCDA 算法依然跟上一组实验设置中的实验走势没有太大区别，依然是随着节点数增加添边数逐渐减少，但是在 MCEA 算法中，当节点数增加到 13 个的时候，添加的边数会增加，MCEA 算法性能有所下降。在数据集 LastFM 和 DBLP 中，与 k+Δ=5 时相似，扩展子图随着节点数增加，添边数也会增加。在数据集 Brightkite 中，也与 k+Δ=5 时相似，扩展子图随着节点数增加，添边数也会减少。

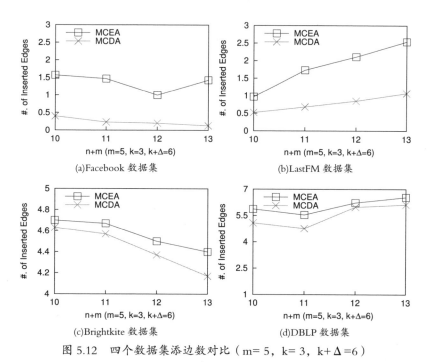

(a)Facebook 数据集　　　　　　　(b)LastFM 数据集

(c)Brightkite 数据集　　　　　　(d)DBLP 数据集

图 5.12　四个数据集添边数对比（m= 5，k= 3，k+Δ=6）

2. 核数大小对添边数的影响

实验设置为 m=5、k=3、n+m=11 的实验图见图 5.13 所示，实验将新扩展子图核数依次从 4 增加到 7。在四个数据集中，MCDA 算法添加的边数都会比 MCEA 算法中的添加边数少，说明随着扩展子图核数的增加，MCDA 算法的性能依然优于 MCEA 算法。在所有数据集中，两种算法都会随着扩展子图核数的增加，添加边数也增加。在数据集 Facebook 和 LastFM 中，平均添加的边数较少；然而在数据集 Brightkite 和 DBLP 中，相对于前两个数据集，平均添加边数比较多。在数据集 Brightkite 中，两种算法添加的边数差别不是很大。

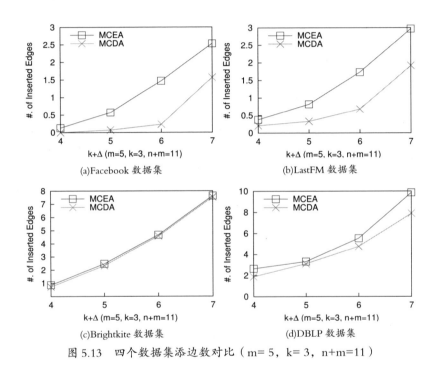

(a)Facebook 数据集

(b)LastFM 数据集

(c)Brightkite 数据集

(d)DBLP 数据集

图 5.13 四个数据集添边数对比（m= 5，k= 3，n+m=11）

实验设置为 m=5、k=3、n+m=13 的实验图见图 5.14 所示，实验将新扩展子图核数依次从 4 增加到 7。在四个数据集中，MCDA 算法添加的边数仍然比 MCEA 算法中的添加边数少，说明在扩展子图节点数增加的情况下，MCDA 算法在扩展子图核数增加时性能依然优于 MCEA 算法。与上一组实验设置相同，在所有数据集中，两种算法都会随着扩展子图核数的增加，添加边数会增加。在数据集 Facebook 和 LastFM 中，平均添加的边数较少；然而，在数据集 Brightkite 和 DBLP 中，相对于前两个数据集，平均添加边数比较多。在数据集 Facebook 中，核值为 4—6 的时候，MCDA 算法的性能要远远高于 MCEA 算法。

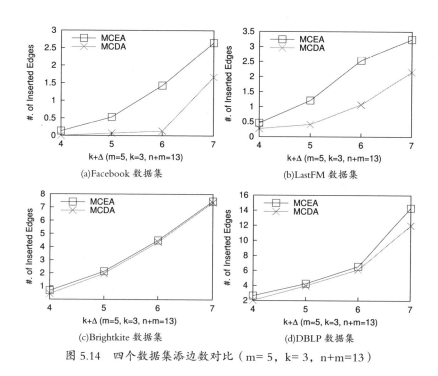

(a)Facebook 数据集　　　　　　　　(b)LastFM 数据集

(c)Brightkite 数据集　　　　　　　(d)DBLP 数据集

图 5.14　四个数据集添边数对比（m= 5，k= 3，n+m=13）

（三）算法在数据集中运行时间

在本部分实验中，笔者将对两种算法在四个数据集 Facebook、LastFM、Brightkite 和 DBLP 中运行时间进行对比。首先，实验分别设置在 m=5、k=3、k+Δ=5 和 m=5、k=3、k+Δ=6 两种情况下，调整扩展子图包含节点数的多少，观察随着包含节点数的增长对于运行时间的影响。其次，实验分别设置在 m=5，k=3，n+m=11 和 m=5，k=3，n+m=13 两种情况下，调整扩展子图核数的大小，观察随着扩展核数的增加对于运行时间的影响。

1. 初始子图大小对运行时间的影响

实验设置为 m=5、k=3、k+Δ=5 的实验图见图 5.15 所示，实验将新扩展子图包含节点数依次从 10 增加到 13。在四个数据集中，MCDA 算法的运行时间都比 MCEA 算法中的运行时间慢，因为计算节点对子图的贡献度比计算子图相同顶点的边数慢。在所有数据集中，两个算法随着扩展子图规模的增加而运行得更慢。原因是当子图的大小增加 1 时，候选集需要多更新一遍并且比较后添加到初始子图中。在数据集 Facebook 和 LastFM 中，算法运行时间比较快，因为这两个数据集中节点数量比较小，计算时间用得比较少。在数据集 Brightkite 和 DBLP 中，算法运行时间比前面两个数据集慢很多，说明数据集的大小与运行时间成正比。

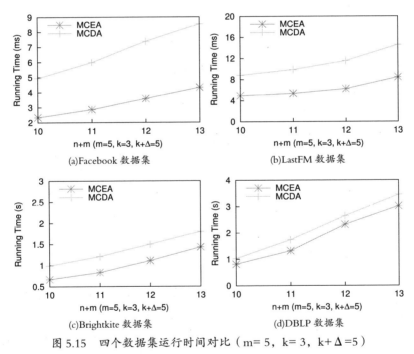

(a)Facebook 数据集   (b)LastFM 数据集

(c)Brightkite 数据集   (d)DBLP 数据集

图 5.15   四个数据集运行时间对比（m= 5，k= 3，k+ Δ =5）

实验设置为 m=5、k=3、k+ Δ =6 的实验图见图 5.16 所示，实验将新扩展子图包含节点数依次从 10 增加到 13。在四个数据集中，MCDA 算法的运行时间同样都比 MCEA 算法中的运行时间慢。在所有数据集中，两个算法随着扩展子图规模的增加而运行得更慢。其中，在数据集 Facebook 和 LastFM 中，两个算法运行时间相差比较大，MCDA 算法的运行时间基本是 MCEA 算法运行时间的两倍。在数据集 DBLP 中，两个算法运行时间几乎一样。

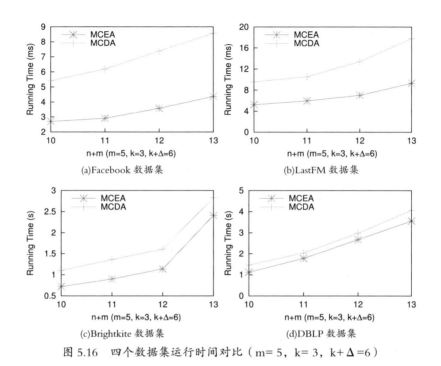

图 5.16　四个数据集运行时间对比（m＝5，k＝3，k+Δ＝6）

2. 核数大小对运行时间的影响

实验设置为 m=5、k=3、n+m=11 的实验图见图 5.17 所示，实验将新扩展子图核数依次从 4 增加到 7。在四个数据集中，MCDA 算法的运行时间都比 MCEA 算法中的运行时间慢。在所有数据集中，只有数据集 DBLP 中随着核数增加，算法运行时间有明显的增加，其余三个数据集中算法运行时间变化不大。在数据集 Facebook 和 LastFM 中，MCDA 算法的运行时间基本是 MCEA 算法运行时间的两倍。同样，在数据集 DBLP 中，两个算法运行时间基本相同。

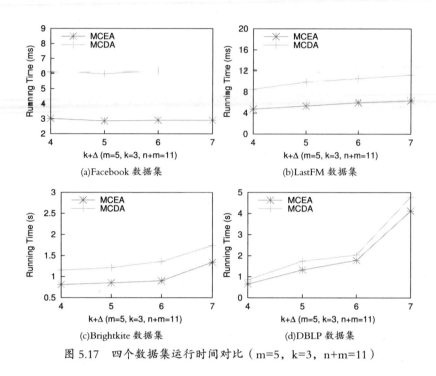

图 5.17　四个数据集运行时间对比（m=5，k=3，n+m=11）

　　实验设置为 m=5、k=3、n+m=13 的实验图见图 5.18 所示，实验将新扩展子图核数依次从 4 增加到 7。在四个数据集中，MCDA 算法的运行时间跟上一组实验相同，都比 MCEA 算法中的运行时间慢。在数据集 Facebook 中，两种算法在运行时间上不会随着核值增加而有太大改变。在其余三个数据集中，两种算法的运行时间都会随着核值增加而有明显的增加。然而，在数据集 Brightkite 和 DBLP 中，两种算法的运行时间相差不是非常明显。

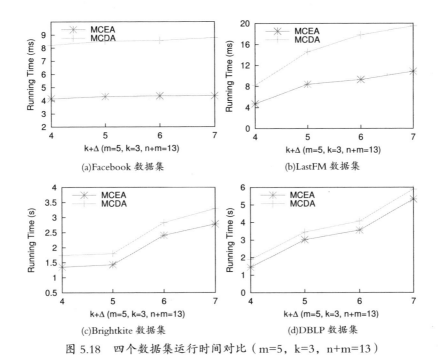

图 5.18 四个数据集运行时间对比（m=5，k=3，n+m=13）

小结

　　扩展 k 核的问题被广泛用于与图相关的应用，例如协作团队组织、事件组织等。本章提出了一种新的查询，即结构扩展的社区搜索（SGEQ），其目的是查询包含 | $V_{k+\Delta}$ |=（m+n）个用户使得新的子图是一个（k+Δ）核子图并且要求添加最少的边数。本章对 SGEQ 进行了系统的研究。首先，设计了一个研究框架，其中使用三个阶段来添加最少的边数以查询最佳团队。其次，为 SGEQ 问题提出了一种基本算法 MCEA，同时，为了克服 MCEA 算法的缺点，进一步提出了一种新的算法 MCDA，它以有效增加子图核值的方式选择添加的节点。最后，在四个真实数据集中进行大量实验，结果证明了所提出的算法的有效性。

第六章　支持属性匹配的 Top-R 社区搜索

一、问题提出

社区搜索的问题自然存在于许多现实世界的网络中，如社交网络、事件协作和通信网络[11,13,17,40,41,87]。在这些应用中，节点的标签和关键字通常描述节点的属性信息。许多现有的研究旨在从社交网络中查询所有的社区[88-95]。近年来，许多研究更关注在图关键字搜索问题[96-99]。

然而，评价最优社区的标准是与查询关键字有最大相似度的社区[9,10]。但是可能满足上述条件的社区并不是所有用户的最优选择，因为每个用户都有不同的个人偏好。本章提出的问题可以查询大小不同的多个属性匹配社区，从而给用户提供选择。现有的工作中，没有可以搜索不同规模的属性匹配社区的研究。实际应用中，不仅需要查询多个属性匹配社区，而且每个属性匹配社区都需要拥有一个紧密的图结构。下面举两个例子说明实际应用背景。

（一）兴趣社区

假设一个人想在社交网络图中查询自己感兴趣的社区，比如说，读书社区、羽毛球社区、话剧社区等。有时用户可能需要查询单一兴趣社区，有时可能需要查询多个兴趣重叠的社区，可以根据用户需求查询一个或者多个符合一定紧密度的用户兴趣社区。

（二）学术社区

假设一个人想在社交网络中查询自己感兴趣的学术方向社区，比如说，经济学社区、计算机学社区、思想政治学社区等，可以根据用户自己需求参与这些社区的学术讨论。

在本章中，笔者提出了支持属性匹配的 Top-R 社区搜索（TKACS）问题。TKACS 的目标是查询具有 k 核结构并且与一组查询关键字具有最大相似度的 Top-R 属性匹配社区。与传统 Top-R 查询[3]相比，TKACS 主要的挑战是同时考虑社区的相似性和 k 核图结构。为了解决 TKACS 问题，笔者首先开发了一种基本算法，即基于关键字匹配算法（KA），KA 算法搜索包含查询关键字的所有对象。其次，查询满足 k 核结构的属性匹配社区。再次，通过 k 核分解方法查询满足 k 核结构的属性匹配社区。最后，计算属性匹配社区与查询关键字的相似度得分，以便查询 R 个最佳的属性匹配社区。然而，为了检索包含查询关键字的节点，必须要遍历数据集中的所有节点。这样一来，该算法的时间成本就非常大。为了进一步提高算法的性能，笔者提出了一种新算法，称为基于倒排索引算法（IIA）。通过倒排索引，可以直接查询包含查询关键字的节点。

本章主要创新总结如下：

（1）将属性匹配的 Top-R 社区搜索（TKACS）形式化定义。本章是第一次定义和解决 TKACS 搜索问题。

（2）提出了一种基本算法，即基于关键字匹配算法（KA）。为了有效提升算法效率，又提出了一种改进的算法，即基于倒排索引算法（IIA），与 KA 相比，其直接查询包含查询关键字的所有节点以便于更加有效地处理 TKACS 问题的查询。

（3）进行了大量的实验来证明提出的算法的有效性和效率。

二、问题定义与背景知识

在形式化定义之前，笔者首先介绍本章用到的基本概念。考虑一个无向属性图G(V, E, κ)，其中，V 代表节点集，E 代表 V 中节点关系，每个节点都与一组属性相关，表示为 $\kappa(u) = (p_1, p_2,..., p_n)$，这些属性描述节点的几个相关属性。也就是说，$\kappa(u_i) = \{u_1:(p_1, p_2,..., p_n), u_2:(p_1, p_2,..., p_m),...\}$，其中，$u_i$ 是节点，p_j 是每个节点的属性。用户给定一组查询关键字 K，如果节点 u_i 的属性包含查询关键字中的一个或者多个，那么说节点 u_i 包含查询关键字。例如，节点 u 代表一个名叫迈克的人，他的爱好是绘画、羽毛球、国际象棋和网络游戏。迈克的属性是 κ（迈克）={ 迈克：（绘画，羽毛球，国际象棋，网络游戏）}。如果查询关键字为 K=（绘画，钢琴，芭蕾），那么迈克的属性就包含查询关键字"绘画"。

定义 6.1（属性匹配社区）：给定一组查询关键字 $K = (k_1, k_2,..., k_n)$，一个最优属性匹配社区中的每个节点至少包含一个查询关键字的最大连通子图。

定义 6.2（文本相似度）：给定一组查询关键字 $K = (k_1, k_2,..., k_n)$，每个节点 u 包含的属性为 $°(u) = (p_1, p_2,..., p_n)$。节点 u 和查询关键字 K 的文本相似度为：

$$sim(u, K) = \frac{K \cap \kappa(u)}{K \cup \kappa(u)} \qquad （公式 6.1）$$

在本部分，笔者形式化定义属性匹配的 Top-R 社区搜索（TKACS）问题。该查询目的是查询 Top-R 个属性匹配社区，并且社区满足以下两点：

（1）每个属性匹配社区 G_{ka} 是一个 k 核连通子图；

（2）每个社区相似度定义如公式 6.2 所示，其中 n 为社区内包含的节点个数。

$$sim(G_{ka}, K) = \frac{1}{n} \sum_{1 \leqslant i \leqslant n} \frac{K \cap \kappa(u_i)}{K \cup \kappa(u_i)} \qquad （公式 6.2）$$

例 6.1：图 6.1 说明了一个 TKACS 问题的实例，该图描述了一个科研工作人员之间的合作关系网络。每个学者都有文本信息，从他的论文主题中提取的关键字，如人工智能或数据挖掘。用户想查询从事人工智能和数据库研究交叉方向有关的属性匹配社区，将 TKACS 查询设定为

$Q = \left(\{\text{"AI"}, \text{"Datamining"}, \text{"Graph"}\}, R = 2, k=3\right)$，目标是查询属性匹配社区满足 3 核结构，并且与查询关键字相似度最高的两个属性匹配社区。查询返回了两个社区 $C_1 = \{u_2, u_3, u_4\}$ 和 $C_2 = \{u_7, u_8, u_9\}$，其中，社区 C_1 和 C_2 相似度分数分别为 0.5、0.44。虽然社区 C_1 比社区 C_2 相似度分数更高，但用户可能更倾向于社区中研究 "AI" 的人更多一些，所以选择社区 C_2。

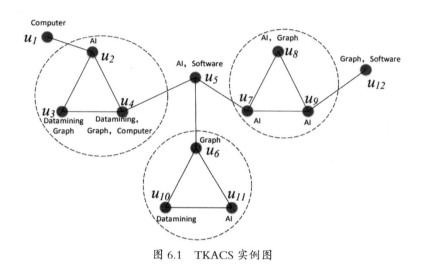

图 6.1　TKACS 实例图

三、基于关键字匹配的属性匹配社区搜索方法

在本部分，笔者将介绍一种解决 TKACS 问题的基础算法。TKACS 旨在查询具有最高文本相似度的 Top-R 属性匹配社区，其中每个社区都是一个 k 核最大连通子图，每个节点属性至少包含一个用户给出的查询关键字。然而，在实际问题中，很难查询每个节点包含至少一个用户给出的关键字并且每个社区同时满足 k 核的属性匹配社区。本部分提出了一种算法，即基于关键字匹配算法（KA）有效地解决 TKACS 问题。

（一）算法基本思想

属性匹配的 Top-R 社区搜索的基本算法思想是，需要搜索所有包含查询关键字并满足 k 核结构的节点，然后计算查询的节点与查询关键字的文本相似度，以便于计算属性匹配社区的相似度得分。重复上述步骤计算每个属性匹配社区的相似度分数，以查询 R 个最佳属性匹配社区。基于关键字匹配算法的伪代码如算法 6.1 所示。

算法 6.1　KA

输入：社交网络图 G，查询关键字组 K，核值 k，最优属性匹配社区数量 R；

输出：Top-R 属性匹配社区。

1. V ← 在图 G 中所有节点；i=0；初始化一个空队列 Q；

2. for each u ∈ V do

3. for each p ∈ u.keyword do

4. if p ∈ K then

5. $G' ← G' + u$ ；

6. break；

7. end if

8. end for

9. end for

10. G″ ← 迭代删除图 G′ 度数小于 k 的所有节点；

11. while each v ∈ V″ do

12. $i ← i+1$ ； $Q.enqueue(v)$ ；

13. while Q do

14. $s = Q.dequeue()$ ；

15. $V″ ← V″ + s$ ；

16. visited.append()；

17. for each m ∈ Neighbors(s) do

18. if m 不在集合 visited 中 then

19. $Q.enqueue(m)$ ；

算法 6.1　KA
20. **end if**
21. **end for**
22. **end while**
23. $G_{ka(i)} \leftarrow$ visited ;
24. visited.clear() ;
25. $sim_i \leftarrow similiarity\left(K, G_{ka(i)}\right)$;
26. **end while**
27. $G_{ka} \leftarrow$ 查询相似度分数最高的 R 个属性匹配社区;
28. 返回 G_{ka} 。

（二）基于关键字匹配算法描述

基于关键字匹配算法返回 Top-R 属性匹配社区。初始化图 G，建立节点和每个节点的标签之间的关系。

（1）将图 G 中所有节点存储在 V 中，初始化变量 i 和一个空队列 Q。

（2）算法循环取出 V 中每个节点 u。

（3）算法循环取出每个节点 u 的关键字赋值给变量 p。

（4）如果节点 u 中属性包含查询关键字，那么建立一个新的子图 G'，将节点 u 存储在图 G' 中，并且跳出节点属性循环查询，继续验证下一个节点属性是否包含查询关键字；如果节点 u 中属性不包含查询关键字，继续验证下一个节点属性是否包含查询关键字。

（5）算法迭代地删除所有度数小于 k 的节点，删除度数小于 k 的节点后剩下的子图就是 k 核子图。然而，当删除节点后形成的 k 核子图可能是一个大的子图，也可能是多个不相连的独立子图。

（6）算法循环取出子图 G" 中节点。

（7）将变量 i 增加 1 并且将节点集 V" 中节点 v 存入队列。算法采用图的广度优先遍历方法将 G" 中不相连的子图分成几个 k 核子图。

（8）算法循环检验队列 Q 中是否为空。如果队列为空，则广度优先遍历已经分离了一个 k 核子图；如果队列不为空，则继续搜索队列中节点邻居节点。

（9）队列中的第一个节点被赋值给变量 s。

（10）将节点 s 从节点集合 V" 中删除并将节点 s 存入集合 visited 中。

（11）查询节点 s 所有与之邻接的节点，判断查询的邻接节点是否已经被访问过。如果节点未被访问过，将其放入队列尾部。上述步骤迭代地去访问队列 Q 中的节点，直到队列中节点被清空。集合 visited 存储的所有节点就是一个 k 核子图。

（12）将集合 visited 中所有节点组成子图，定义为 $G_{ka(i)}$，并且清空集合 visited。

（13）调用 similiarity 函数计算子图 $G_{ka(i)}$ 跟查询关键字 K 之间相似度分数。在 similiarity 函数中根据公式 6.1 计算出每个子图 $G_{ka(i)}$ 中节点与查询关键字 K 之间的相似度分数，从而计算出社区 $G_{ka(i)}$ 的相似度分数。

（14）查询相似度分数前 R 个属性匹配社区并且查询返回 Top-R 属性匹配社区。

算法 6.2　similiarity

输入：查询关键字 K，属性匹配社区 $G_{ka(i)}$；

输出：相似度分数 sim_i。

1. score=0；

2. n=len($V_{ka(i)}$)；

3. **for** each $w \in G_{ka(i)}$ **do**

4. $score+ = \dfrac{w.keyword \cap K}{w.keyword \cup K}$；

5. **end for**

6. $sim_i = score/ n$；

7. 返回 sim_i。

例 6.2：图 6.2 说明了一个 KA 算法的实例，该图描述了一个包含 16 个科研工作人员的关系网络。查询设定为 $Q = (\{\text{"AI"}, \text{"DB"}\}, R = 1, k = 3)$。TKACS 查询的目标是查询属性匹配社区满足 3 核结构，并且与查询的关键字相似度最高的一个属性匹配社区。第一步，KA 算法核查每个节点的属性中是否包含查询关键字，结果节点 v_2、v_3 和 u_6 被删除。第二步，算法迭代删除剩下图中度数小于 k 的所有节点，节点 v_1、u_5、u_7 和 u_8 被删除。图 6.2 中所剩节点为 $\{ u_1, ..., u_4, u_9, ..., u_{13} \}$。算法利用图广度优先遍历将图中 9 个节点分成两个 3 核子图。第三步，利用 similiarity 函数计算出两个属性匹配社区的相似度分数分别为 0.54、0.53。第四步，查询返回一个分数最高的属性匹配社区 $\{ u_1, u_2, u_3, u_4 \}$。

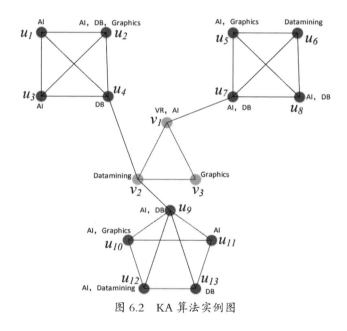

图 6.2　KA 算法实例图

四、基于倒排索引的属性匹配社区搜索方法

在这部分，笔者进一步提出了一种优化算法，即基于倒排索引算法（IIA），该算法可以提高查找包含查询关键字节点的速度，并将节点属性构建为倒排索引。由于 IIA 的改进可以直接查询包含查询关键字的节点，而不是像 KA 那样遍

历整个图中的所有节点，可以大大减少 IIA 查询时间。

（一）算法基本思想

首先，搜索 Top-R 属性匹配社区的改进方法是利用倒排索引找出包含查询关键字的所有节点，倒排索引可以进行预处理，预处理之后每次查询都可以直接在索引上查到所需节点。然后，在现有节点中迭代删除度数小于 k 的所有节点。接下来，计算查询的节点与查询关键字的文本相似度，以便于计算属性匹配社区的相似度得分。最后，查询 R 个最佳属性匹配社区。基于倒排索引算法的伪代码如算法 6.3 所示。

算法 6.3　IIA

输入：社交网络图 G，查询关键字组 K，核值 k，最优属性匹配社区数量 R；

输出：Top-R 属性匹配社区。

1. V ← 在图 G 中所有节点；i=0；初始化一个空队列 Q；

2. 在图 G 中建立倒排索引；

3. G' ← 从倒排索引中查询所有包含关键字 K 的节点；

4. G" ← 迭代删除图 G' 度数小于 k 的所有节点；

5. while each $v \in V''$ do

6. $i \leftarrow i+1$；Q.enqueue(v)；

7. while Q do

8. s = Q.dequeue()；

9. $V'' = V'' - s$；

10. visited.append(s)；

11. for each m ∈ Neighbors(s) do

12. if m 不在集合 visited 中 then

13. Q.enqueue()；

算法 6.3 IIA
14. **end if**
15. **end for**
16. **end while**
17. $G_{ka(i)} \leftarrow$ visited ;
18. visited.clear() ;
19. $sim_i \leftarrow similiarity\left(K, G_{ka(i)}\right)$;
20. **end while**
21. $G_{ka} \leftarrow$ 查询相似度分数最高的 R 个属性匹配社区;
22. 返回 G_{ka}。

（二）基于倒排索引算法描述

基于倒排索引算法返回 Top-R 属性匹配社区。

（1）将图 G 中所有节点存储在 V 中，初始化变量 i 和一个空队列 Q。

（2）在图 G 中建立倒排索引，倒排列表记录了出现过关键字的所有节点列表，当在大图中查询关键字时，包含的节点数量可能会很多，所以建立倒排索引会有效地减少检索时间。

（3）从倒排索引中查询包含关键字 K 的所有节点并且存储在图 G'中。

（4）迭代删除图 G'中度数小于 k 的所有节点并且将剩余的节点存储在图 G"中。

（5）算法循环取出子图 G"中的节点。

（6）将变量 i 增加 1 并且将节点集 V"中节点 v 存入队列。算法采用图的广度优先遍历方法将 G"中不相连的子图分成几个 k 核子图。

（7）算法循环检验队列 Q 中是否为空。如果队列为空，则广度优先遍历已经分离了一个 k 核子图；如果队列不为空，则继续搜索队列中节点邻居节点。

（8）队列中的第一个节点被赋值给变量 s。

（9）将节点 s 从节点集合 V"中删除并将节点 s 存入集合 visited 中。

（10）查询节点 s 所有与之邻接的节点，判断查询的邻接节点是否已经被访问过。如果节点未被访问过，将其放入队列尾部。上述步骤迭代地去访问队列 Q 中的节点，直到队列中节点被清空。集合 visited 存储的所有节点就是一个 k 核子图。

（11）将集合 visited 中所有节点组成子图，定义为 $G_{ka(i)}$，并且清空集合 visited。

（12）调用 similiarity 函数计算子图 $G_{ka(i)}$ 跟查询关键字 K 之间的相似度分数。在 similiarity 函数中根据公式 6.2 计算出每个子图 $G_{ka(i)}$ 中节点与查询关键字 K 之间的相似度分数，从而计算出社区 $G_{ka(i)}$ 的相似度分数。

（13）查询相似度分数前 R 个属性匹配社区并且查询返回 Top-R 属性匹配社区。

例 6.3：如图 6.3 所示是图 6.2 对应的倒排索引，每个关键字列表记录了出现过关键字的所有节点列表。下面介绍一个 IIA 算法的实例。查询设定为 $Q = (\{"AI", "DB"\}, R = 1, k = 3)$。TKACS 查询的目标是查询属性匹配社区满足 3 核结构，并且与查询关键字相似度最高的一个属性匹配社区。第一步，根据倒排索引列表查询关键字 $\{"AI", "DB"\}$ 所包含的节点。第二步，算法迭代地删除剩下图中度数小于 k 的所有节点，节点 v_1、u_5、u_7 和 u_8 被删除。算法利用图广度优先遍历将图中 9 个节点分成两个 3 核子图。第三步，利用 similiarity 函数计算出两个属性匹配社区的相似度分数分别为 0.54、0.53。第四步，查询返回一个分数最高的属性匹配社区 $\{u_1, u_2, u_3, u_4\}$。

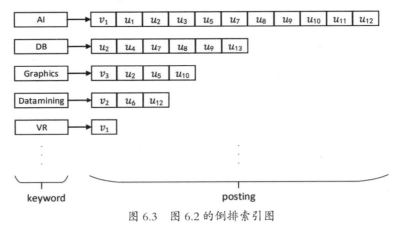

图 6.3 图 6.2 的倒排索引图

（三）算法复杂度分析

在这部分，笔者将分析本章提出的两种算法的时间复杂性。给定一个 TKACS 查询，$G_{ka(i)}$ 是符合查询要求的属性匹配社区。KA 算法的时间复杂度为 $O(|V| \times |P| \times |K| + |V'| + |E'| + |V''| + |V''| \times |P| \times |K|)$。$|V|$ 代表图 G 中节点的数量，$|P|$ 代表每个节点包含的属性数量，$|K|$ 代表查询关键字的数量，$|V'|$ 代表 G' 中节点的数量，$|E'|$ 代表 G' 中连边的数量，$|V''|$ 代表 G" 中节点的数量。如算法 6.1 所示，基于关键字匹配算法首先要迭代计算所有节点的属性是否包含查询的关键字，将包含查询关键字的节点存入节点集 V' 中。这个部分的算法时间复杂度为 $O(|V| \times |P| \times |K|)$。算法迭代删除度数小于 k 的节点并且将剩余节点存入节点集 V" 中，算法时间复杂度为 $O(|V'| + |E'|)$。然后，计算 G" 中的属性匹配社区的数量，算法时间复杂度为 $O(|V''|)$。最后，计算属性匹配社区和查询关键字的相似度分数最高的前 R 个社区，算法时间复杂度为 $O(|V''| \times |P| \times |K|)$。

另一种算法是基于倒排索引算法，该算法使用倒排索引来提高查询的速度。IIA 算法的时间复杂度为 $O\left(|K| \times |\overline{V_k}| + |V'| + |E'| + |V''| + |V''| \times |P| \times |K|\right)$，其中代表每个查询关键字包含节点平均数。如算法 6.3 所示，首先从倒排索引中搜索包含查询关键字 K 的节点，算法时间复杂度为 $O\left(|K| \times |\overline{V_k}|\right)$，其中 $|\overline{V_k}|$ 代表每个查询关键字包含节点的平均数。与算法 KA 相比，由于倒排索引的加速作用，IIA 查询的速度要比 KA 快得多。

五、实验测试与分析

在本部分，笔者使用四个真实的社交网络数据集进行了实验研究，并且通过对两种算法的比较研究了算法的性能。下面首先介绍实验设置。

（一）实验设置

1. 实验环境

本章所有实验均在 Python 中实现，相关算法在 JetBrains PyCharm 社区版

2018.3.2 上运行，实验主机采用双核 Intel Core（TM）i7–4790 处理器，主频 3.60 GHz，内存 8GB，硬盘 1TB，操作系统为 Microsoft Windows 7 Ultimate Edition。

2. 算法

本章研究工作是首次提出 TKACS 问题，之前没有相关工作可以解决社交图中的 TKACS 问题。在本章中，笔者提出了两种算法来解决 TKACS 问题，即基于关键字匹配算法（KA）和基于倒排索引算法（IIA）。

3. 数据集

本章使用了四个数据集，即 Cora、LastFM、Facebook 和 DBLP 来评估本章提出的两种算法。实验中使用的四个数据集都是无向属性图，数据集属性见表6.1，数据集中列出了数据集名称、节点数量、边数量、平均度数、关键字个数。选择不同的数据集进行实验，会对实验结果的分析更有帮助。

表 6.1 数据集

数据集名称	节点数量	边数量	平均度数	关键字个数
Cora	2,708	5,429	4.01	1,433
LastFM	7,624	27,806	7.29	1,827
Facebook	4,039	88,234	43.70	1,283
DBLP	977,288	3,432,273	7.02	34,178

4. 参数设置

实验使用三个参数的不同设置进行，分别是 k（属性匹配社区核值）、查询关键字数量、R（最优属性匹配社区数量）。参数范围如表6.2所示，实验将 k 的范围设置为3—6，查询关键字数量的范围设置为2—5，R 的范围设置为3—5。

表 6.2 数据集参数

变量	范围	缺省值
k	3, 4, 5, 6	4

续表

变量	范围	缺省值
查询关键字数量	2, 3, 4, 5	3
R	2, 3, 4, 5	3

（二）数据集中算法的有效性

在本部分，笔者验证了两种算法 KA 和 IIA 在四个数据集 Cora、LastFM、Facebook 和 DBLP 中解决 TKACS 问题的效率。从两个角度分析有效性和效率：社区核值和查询关键字数量。首先，笔者提出一种基础算法，即基于关键字匹配算法（KA），该算法需要搜索所有包含查询关键字并且满足 k 核结构的节点，然后计算查询的节点与查询关键字的文本相似度，以便于计算属性匹配社区的相似度得分。由于算法全图搜索，所以时间复杂度很高。为了进一步提高搜索速度，笔者又提出了基于倒排索引算法（IIA），该方法利用倒排索引结构直接查询包含查询关键字的节点，从而计算出属性匹配社区的相似度得分。给定一个 TKACS 查询 $Q = (\{$ "datamining", "graphtheoretic", "geosocial", "privacypreserving"$\}$, R = 3, k=4)，查询目标是查询前 3 个具有 4 核结构的属性匹配社区，其中包括从事数据库研究的论文。两种算法返回了前三个相同的关键字识别社区。前三个属性的相似度分别为 0.0732、0.0675、0.0666。IIA 算法的运行时间比 KA 算法快得多。这两种算法能够查询从事同一主题的论文中前三个属性匹配社区，使它们具有密集连接的结构，并且都与查询的关键字相似度很高。

1. 查询关键字数量对效率的影响

在本部分，对两种算法在四个数据集中属性匹配社区数量和社区核值固定的情况下，随着查询关键字的增长对于运行时间的影响，将查询关键字数量分别设置为 2、3、4、5。实验分成四组情况，分别是（R=3, k=3）（R=4, k=4）（R=4, k=5）（R=5, k=6）。首先，介绍图 6.4 中四个子图分别展示了四个数据集在（R=3, k=3）的情况下，随着查询关键字数量增加，两种算法运行时间的变化规律。在四个数据集中，改进算法 IIA 运行时间明显快于基本算法 KA，而且随着数据集包含的节点数增加，基本算法 KA 运行时间增加比较明显，因为算法 KA 每次搜索包含查询关键字的节点时，都需要做全图搜索，随着数据集节点的增加，每个节点都需要判断是否包含查询关键字，查询时间呈倍数增加。在数据集 DBLP 中，相比于其他数据集运行时间的增长尤为明显，因为数据集 DBLP 包含的节点数和关键字个数比其他三个数据集多出几百倍。在数据集 Cora 中，相比于其他数据集的运行时间最短，因为数据集 Cora 包含的节点数最少，关键字个数与数据集 LastFM 和 Facebook 基本持平。图 6.5、图 6.6 和图 6.7 分别代表在（R=4，k=4）（R=4，k=5）和（R=5，k=6）的情况下，四个数据集中随着查询关键字数量增加，两种算法的运行时间都会增加。当 R 值和 k 值增加时，两种算法的运行时间增长得并不是非常明显，说明搜索符合要求的 k 核社区随着 k 值的变化，运行时间并没有太大变化。根据上述四组实验得出结论如下：（1）运行时间与数据集的节点数和关键字个数有关；（2）运行时间会随着查询属性匹配社区的个数和核数的增加而增加，但是运行时间增加得不是很明显。

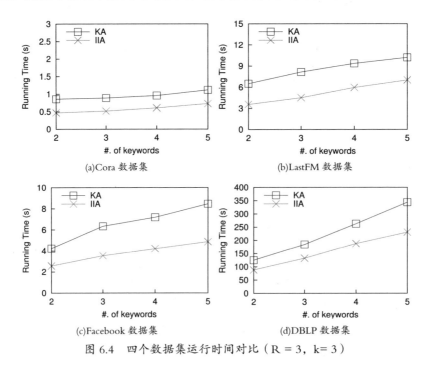

(a)Cora 数据集　　　　　　(b)LastFM 数据集

(c)Facebook 数据集　　　　　(d)DBLP 数据集

图 6.4　四个数据集运行时间对比（R = 3，k= 3）

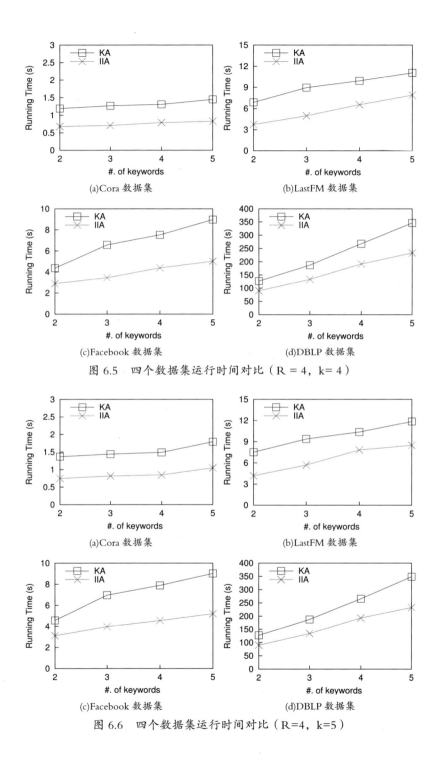

图 6.5　四个数据集运行时间对比（R＝4，k＝4）

图 6.6　四个数据集运行时间对比（R＝4，k＝5）

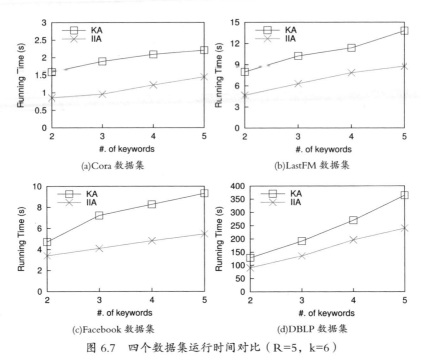

图 6.7　四个数据集运行时间对比（R=5，k=6）

2. 社区核值对效率的影响

笔者将对两种算法在四个数据集中属性匹配社区数量和查询关键字数量固定的情况下，随着社区核值的增长对运行时间的影响，将社区核值设置为 3、4、5、6。实验分成四组，分别是（R=3，keywords=2）（R=4，keywords=3）（R=4，keywords=4）（R=5，keywords=5）。图 6.8 中四个子图展示了四个数据集在（R=3，keywords=2）的情况下，随着社区核值数量增加，两种算法运行时间的变化规律。在四个数据集中，改进算法 IIA 在任何时候运行时间都明显快于基本算法 KA。但是随着 k 值的增加，只有在数据集 Cora 中运行时间增长比较明显，在其他三个数据集中，运行时间增长并不是非常明显。根据数据集的大小，两种算法的运行速度有所变化，数据集大的运行时间更长。与上述数据集大小的变化相同，在数据集 DBLP 中，相比于其他数据集运行时间的增长尤为明显。图 6.9、图 6.10、图 6.11 分别代表在（R=4，keywords=3）（R=4，keywords=4）（R=5，keywords=5）的情况下，四个数据集中随着社区核值数量增加，两种算法的运行时间都会增加。当 R 值和 keywords 数量增加时，两种算法的运行时间增长得非常明显，说明搜索符合要求的包含查询关键字的社区随着 keywords 的变化，运行时间有显著变化。

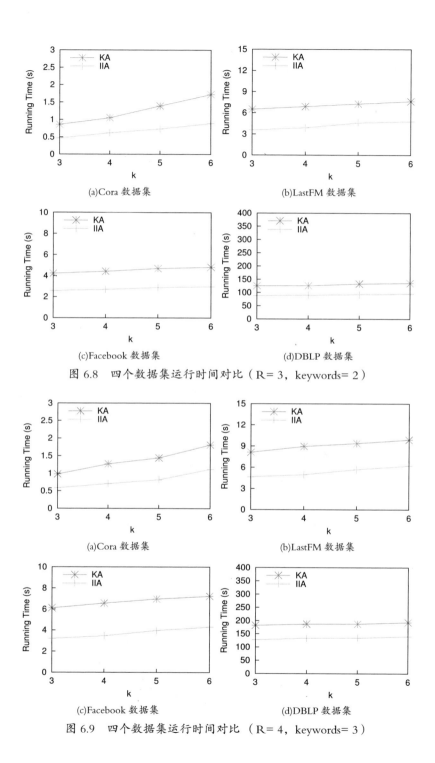

图 6.8　四个数据集运行时间对比（R= 3，keywords= 2）

图 6.9　四个数据集运行时间对比（R= 4，keywords= 3）

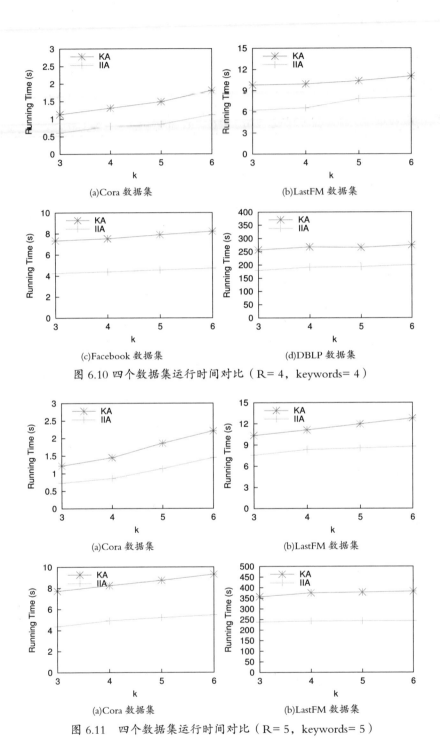

(a)Cora 数据集   (b)LastFM 数据集

(c)Facebook 数据集   (d)DBLP 数据集

图 6.10 四个数据集运行时间对比（R＝4，keywords＝4）

(a)Cora 数据集   (b)LastFM 数据集

(a)Cora 数据集   (b)LastFM 数据集

图 6.11 四个数据集运行时间对比（R＝5，keywords＝5）

——— *小结* ———

　　在本章中，笔者形式化定义了属性匹配的 Top-R 社区搜索（TKACS）问题，以获得具有 k 核结构的 Top-R 属性匹配社区。本章提出了一种基础算法，即基于关键字匹配算法（KA）。为了提高检索速度，笔者进一步提出了一种改进的算法，即基于倒排索引算法（IIA）。与 KA 相比，IIA 直接查询包含查询关键字的节点，从而有效地提升了算法的效率。笔者在四个真实的数据集上进行了大量实验，结果证明了两个算法的效率和有效性。

第七章　支持属性覆盖的最大核社区搜索

一、研究动机和主要贡献

基于属性图的社区搜索已广泛应用于社交网络、学术交流和商业合作[100-104]。社区搜索旨在通过节点与其文本属性之间的社会关系查询相关性。因此，它不仅考虑了文本属性，还考虑了图结构，例如 k 核[11,105-107]、k 桁架[45,57,108-110]、k 团[111]。现有主要研究侧重于寻找具有约束关键字相似度的最大 k 核子图[9,18,112]，其他研究旨在寻找社交网络上同时考虑用户参与和相似度的内聚子图[85,113]。然而，现有研究受到以下两个限制。

1. 受限制的关键字相似度并不适用于所有属性查询[11]，这是因为有些查询只需联合覆盖关键字即可。如果要求每个人都覆盖查询关键字，问题定义的设置显然不合理。

2. 上述的研究[9,18,85,112,113]查询满足用户需求的最大社区。然而，在现实世界中，只需查询满足联合关键字覆盖的最小社区即可。

为了解决上述两个问题，本章提出了属性覆盖的最大核社区搜索（KGEC）问题。这是一项涉及关键字联合覆盖的相关工作。文献［45］提出了一个模型，将查询上下文作为查询属性，在查询社区中考虑结构内聚性和属性相似性。尽管查询可以被关键字联合覆盖，但最终结果仍然返回一个具有约束关键字相关性的社区。但是这种方法不能解决本章提出的问题，因为没有一个有效的机制来添加最少数量的节点来覆盖所有查询关键字。考虑一个动机示例，一个学术小组由 3 名具有学术背景的学者组成。图 7.1 描述了学术界的社会关系和每位学者的学术背景，并且列出了与社交关系图中的节点对应的关键字列表。给定一个 KGEC 查询关键字为 $K = \{k_1, k_2, k_3, k_4, k_5\}$ ，查询目标是查询一个新的学术组，覆盖关键字组 K 并满足最大 k 核（原来的学术小组只涵盖 k_1 和 k_2）。查询返回节点 D、K、H，并涵盖所有剩余的查询关键字。虽然上述工作在该领域的贡献是显著的，但在一些现实生活应用中，不仅需要新的小组联合覆盖所有查询关键字，还需要新的小组建立更紧密的关系，例如通过项目团队协作或者偏远山区支教活动。下面列出了两个属性覆盖的最大核社区搜索问题的例子。

1.项目需求。假设申请一个国家级重点项目，这个项目需要覆盖的领域专家包含隐私保护、字符串处理、知识图谱、图像处理等 4 个领域。现已有 4 个人参加这个项目，并且这 4 个人相互认识，其中有 2 个人是隐私保护和字符串处理的专家。在既能保证新的团队可以联合覆盖以上 4 个领域，又要求新团队这些人关系尽量紧密，以便于添加最少的人的情况下具有更好的合作关系。

2.偏远山区支教活动。假设有个去偏远山区支教的活动，这个活动需要覆盖的老师类型包括语文老师、英语老师、数学老师、音乐老师。现已经有 3 个老师参加这个活动，并且互相认识，其中有语文老师和英语老师。在既能保证这个支教团队可以包含以上 4 种类型的老师，又要求新团队在添加最少的老师的情况下，这些老师关系尽量紧密。

本章主要创新总结如下：

（1）将属性覆盖的最大核社区搜索（KGEC）问题形式化定义。本章是第一次定义和解决 KGEC 问题。

（2）提出了一个基本算法，即枚举法算法（EGA），枚举所有覆盖剩余查询关键词的节点组合。为了提高效率和质量，提出了一种启发式算法，基于候选集算法（CSBA），该算法使用子图的邻居节点作为新子图的候选成员。为了进一步提高效率，又提出了一种改进的算法，即基于候选集和属性匹配联合算法（CSKCA），该算法可以有效地提高搜索速度并查询可行的解决方案。

（3）在 4 个真实的数据集上评估了算法的性能，并显示了 3 种算法对

KGEC 问题的有效性。

二、问题定义与背景知识

本部分，笔者在形式化定义之前，首先引入本章用到的图结构和定义。笔者依然采用 k 核图结构来衡量社交网络图结构，因为 k 核具有优越的结构凝聚力，便于分解和计算。核数在 k 核分解中计算每个节点的核值。

定义 7.1（优质节点）：在社交网络图中，如果一个节点包含多个未覆盖关键字，那么这个节点就是优质节点。

定义 7.2（核值）[61]：在社交网络图中，如果节点 v 属于 k 核但不属于任何（k+1）核，称 k 为节点 v 的核值。

在这部分，笔者形式化定义 KGEC 问题。给定一个初始子图 $G_0(V_0, E_0, \kappa_0)$，它是一个包含 m 个节点的子图，设定一组查询关键字 $K(k_1, k_2, ..., k_t)$，并且 $v \in G_0$，$v.keyword \cap K \neq \varnothing (K \subsetneq \kappa_0)$，KGEC 查询从初始子图 G_0 扩展的一组用户集 G_1，新用户组满足以下条件：

（1）新社区 G_1 是一个具有最大核 c_{max} 的子图；

（2）新社区 G_1 联合覆盖所有查询关键字；

（3）新社区 G_1 添加最少的节点并且满足（1）和（2）。

例 7.1：图 7.1 说明了一个 KGEC 的示例。图 G 包含 13 个节点及其节点之间的连边，每个节点还有其对应的属性。用户给出的初始子图 $G_0 = \{A, B, C\}$，查询关键字 $K = \{k_1, k_2, k_3, k_4\}$，初始子图中的节点包含关键字 k_1 和 k_2，选择的节点必须包含剩余的两个未覆盖关键字 $\kappa_u = \{k_3, k_4\}$，KGEC 查询是查询一个新子图，该子图既能覆盖初始子图中未覆盖的两个关键字，又尽可能在保证该子图紧密的前提下添加最少的节点。为了查询符合要求的查询结果，分成以下几步来求解。第一步，查询包含所有未覆盖关键字的节点，$k_3 = \{F, H\}$，$k_4 = \{F, I, L\}$。第二步，在每个关键字集合中取一个节点，将这些节点进行组合。第三步，验证所有的组合中哪组能够组成覆盖关键字集合 K 并满足最大核 c_{max} 的子图。查询返回节点 F

并涵盖所有剩余的查询关键字。KGEC 查询新的子图为 $G_1 = \{A, B, C, F\}$，是一个 2 核子图，并且添加了 1 个节点。

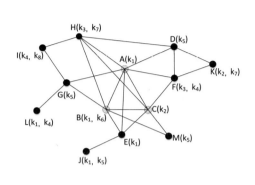

node	keyword
A	k_1
B	k_1, k_6
C	k_2
D	k_5
E	k_1
F	k_3, k_4
G	k_5
H	k_3, k_7
I	k_4, k_8
J	k_1, k_5
K	k_2, k_7
L	k_1, k_4
M	k_5

图 7.1　KGEC 示例图

三、基于枚举法的属性覆盖社区搜索方法

在基于属性图的社区搜索中，通常是查询社交网络图中的 k 核的最大子图，达到最强的关键字相似度。现有的关键字社区搜索需要每个人都覆盖关键字，但在实际应用中，查询可能只需要联合覆盖关键字即可。为了解决上述问题，笔者在本部分提出基于枚举法的属性覆盖社区搜索方法。提出的算法分为两步来解决 KGEC 问题：（1）检索未覆盖关键字集合 κ_u 中包含的所有关键字节点；（2）查询具有最大 k 核的子图。

（一）算法基本思想

针对传统的基于关键字社区搜索算法需要遍历所有节点，往往都是计算具有约束关键字相似度的最大 k 核子图。基于枚举法基本思想的枚举法算法（EGA）是查询未覆盖关键字中所有节点，再从每个关键字集合中取出一个节点进行组合，检验每种组合中的节点跟初始子图是否能组成连通子图。如果不是连通子图，那么舍弃这种组合；如果是连通子图，计算新子图的核数。最后，查询所有组合中核数最大的子图。EGA 算法的伪代码如算法 7.1 所示。

算法 7.1 EGA
输入：社交网络图 G，初始子图 G_0，查询关键字集合 K；
输出：结果子图 G_1，最大核数 c_{max}。
1. 建立倒排索引；
2. $\kappa_u \leftarrow K - \kappa_0$；
3. $L \leftarrow len(\kappa_u)$；
4. for each $m \in Neighbors(s)$ do
5. 查询包含关键字 k 的所有节点存储到集合 $A_i (1 \leq i \leq L)$；
6. end for
7. 从每个集合 A_i 中选择一个元素 a_{i,t_i} 进行组合存储到候选集 C^*；
8. for each $p \in C^*$ do
9. $G_0' \leftarrow G_0 + p$；
10. if G_0' 是连通图 then
11. $core(G_0') \leftarrow$ 计算 G_0' 子图的核数；
12. if 子图 G_0' 的核数大于 c_{max} then
13. $c_{max} \leftarrow core(G_0')$；
14. $G_1 \leftarrow G_0'$；
15. 清空 G_0'；
16. else
17. if 子图 G_0' 的核数等于 c_{max} 并且子图 G_0' 包含的节点数小于子图 G_1 包含的节点数 then
18. $G_1 \leftarrow G_0'$；
19. 清空 G_0'；
20. end if
21. end if
22. else
23. 清空 G_0'；

算法 7.1　EGA
24.end if
25.end for
26. 返回子图 G_1 和最大核数 c_{max}。

（二）枚举法算法执行过程算法

EGA 返回 KGEC 查询搜索子图 G_1 和最大核数 c_{max}。

（1）为了提高检索速度，建立整个社交网络图的倒排索引。

（2）算法筛选出未覆盖关键字并且赋值给变量 κ_u。

（3）统计出未覆盖关键字的个数赋值给变量 L，作为后续统计包含关键字节点集备用。

（4）算法设置 L 个节点集合，每个节点集对应一个未覆盖关键字。遍历整个社交网络图中的所有节点是否包含当前关键字 k。如果节点不包含当前关键字，则验证下一个节点；如果节点包含当前关键字，则将节点存储到集合 A_i 中。需要注意的是，可能会有节点包含多个未覆盖关键字，这种节点属于优质节点。

（5）算法从每个集合 A_i 中依次选择其中一个节点 a_{i,t_i} 进行组合，存储到候选集 C^* 中。例如，未覆盖关键字有 3 个，每个未覆盖关键字集合中包含 3 个节点，那么候选集 C^* 中包含 27 种组合。

（6）从候选集 C^* 中循环取出每一组组合节点，赋值给变量 p。

（7）将从候选集 C^* 中选择出来的这组节点与初始子图组合新的子图 $G_0^{'}$。

（8）判断新子图 $G_0^{'}$ 是否为连通子图。如果不是连通子图，则验证下一组组合节点；如果是连通子图，则计算子图 $G_0^{'}$ 的核数。

（9）算法计算子图 $G_0^{'}$ 的核数。

（10）如果子图 $G_0^{'}$ 的核数大于当前最大核数 c_{max}，则用子图 $G_0^{'}$ 的核值替换变量 c_{max} 中的值，子图 $G_0^{'}$ 替代当前最优解 G_1 并且清空子图 $G_0^{'}$ 中的节点。

（11）在子图 G_0' 的核数等于当前最大核数 c_{max} 并且子图 G_0' 中的节点个数小于子图 G_1 的情况下，只需要用子图 G_0' 的核值替换变量 c_{max} 中的值，子图 G_0' 替代当前最优解 G_1 并且清空子图 G_0' 中的节点即可。

（12）最后返回最优解了图 G_1 和最大核数 c_{max}。

例 7.2：图 7.2 和图 7.3 举例说明了 EGA 算法。根据图 7.1 社交网络图，设定用户给出的初始子图 $G_0 =\{A, B, C\}$，查询关键字 $K=\{ k_1 , k_2 , k_3 , k_4 , k_5 \}$，初始子图中的节点包含关键字 k_1 和 k_2，选择的节点必须包含剩余的 3 个关键字 k_3、k_4、k_5。图 7.2 展示的是图 7.1 社交网络的倒排索引，按照倒排索引查询包含 3 个未覆盖关键字的节点，3 个未覆盖关键字节点集分别为 $k_3 =\{F, H\}$，$k_4 =\{F, I\}$，$k_5 =\{D, G, J, M\}$。从每个未覆盖关键字节点集中依次选出一个节点进行组合，图 7.3 说明了 3 个未覆盖关键字节点集枚举所有组合的过程。图中展示有 16 种组合方式，但是其中存在特殊情况即在关键字集合 k_3 和 k_4 中都包含节点 F，部分节点组合包含两个节点（例如：F, D）。验证这些节点组合跟初始子图组成的新子图中哪个是最大核 c_{max} 子图，并且在核数相同的情况下哪个组合节点更少。查询返回节点 D、F、H，并涵盖所有剩余的查询关键字。KGEC 查询新的子图为 $G_1 =\{A, B, C, D, F, H\}$，是一个 3 核子图，并且添加了 3 个节点。

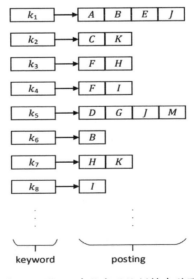

图 7.2　图 7.1 中社交网络倒排索引图

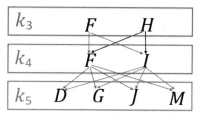

图 7.3　EGA 算法示例图

四、基于候选集的属性覆盖社区搜索方法

基于枚举法的属性覆盖社区搜索方法有着明显的不足之处。算法的时间复杂度为 $O\left(N+n^{|K_u|}\right)$ ），由于枚举方式复杂度是指数级的，因此算法的计算代价是很大的，不适合大型数据库。在部分，笔者提出一种新的算法，即基于候选集算法（CSBA）。CSBA 算法仅仅考虑连接到初始子图 G_0 的邻居节点，这样算法只需要计算少量节点即可，大大降低了算法的时间复杂度。

（一）算法基本思想

对于枚举法算法来说，当未覆盖关键字数量以及每个关键字包含的节点比较多时，未覆盖关键字节点集组合数量呈指数级增加。为了解决这个问题，算法应该尽量少地访问节点。因为新查询的节点必须跟初始子图组成连通图，所以算法从初始子图的邻居节点中选取最优节点加入初始子图。选取最优节点的策略如下，首先算法将初始子图的所有邻居节点存储到候选节点集。接下来，计算所有节点的核值和这些邻居节点与初始子图之间的连边数。最后，算法查询与初始子图之间连边数最多的邻居节点。如果存在连边数相同的节点，比较它们的核值，选出核值最大的节点作为最优解，更新候选集中节点和它们到新子图的连边数。迭代地执行上述操作，直到查询覆盖所有关键字的最大核子图。CSBA 算法的伪代码如算法 7.2 所示。

算法 7.2 CSBA

输入：社交网络图 G，初始子图 G_0，查询关键字集合 K；

输出：结果子图 G_1，最大核数 c_{max}。

1. $core(v) \leftarrow$ 调用 k 核分解算法；

2. 建立倒排索引；

3. $\kappa_u \leftarrow K - \kappa_0$；

4. $V_c \leftarrow$ 初始子图 G_0 的所有邻居节点；

5. while $len(\kappa_u) > 0$ do

6. 查询满足以下条件的节点 v_j：

7. $V_c^{'} \leftarrow \max\left(\sum_{1 \leq i \leq p, 1 \leq j \leq q} e(u_i, v_j) \right)$；

8. while $V_c^{'} \neq \varnothing$ do

9. $p \leftarrow \max(core(w_t))$；$(w_1, w_2, ..., w_m) \in V_c^{'}$；

10. if $p.keyword \in \kappa_u$ then

11. $V_0 \leftarrow V_0 + p$；

12. $V_c \leftarrow V_c - p$；

13. $\kappa_u \leftarrow \kappa_u - p.keyword$；

14. 更新 G_0, V_c；

15. 清空 p；

16. 跳出；

17. else

18. $V_c \leftarrow V_c - p$；

19. $V_c^{'} \leftarrow V_c^{'} - p$；

20. 清空 p；

21. end if

22. end while

23. end while

24. 返回子图 G_1 和最大核数 c_{max}。

（二）基于候选集算法执行过程

CSBA 算法输入整个社交网络图 G、初始子图 G_0、查询关键字集合 K 并且返回 KGEC 查询搜索子图 G_1 和最大核数 c_{max}。

（1）调用 k 核分解函数（k 核分解函数伪代码见算法 7.3 所示），计算整个社交网络图 G 中所有节点的核值。首先，计算整个社交网络图中所有节点的度数。接下来，设置循环条件，当节点集 V 为空时循环结束；否则迭代计算每个节点的核值，直到所有节点计算完核值。循环结构中，取出节点中最小度数赋值给变量 k。在子循环中，当节点 v 属于集合 V 并且满足度数小于等于 k 时，将 k 作为节点 v 的核值。然后，查询节点 v 的所有邻居节点 u，依次从社交网络图 G 中移除连边（u, v），并且每个邻居节点度数减 1。在节点 v 的所有邻居节点度数都减 1 之后，算法将节点 v 从集合 V 中删除。算法迭代执行上述步骤，直到节点集 V 为空。最后算法返回所有节点的核值。当 k 核分解函数执行完，返回每个节点核值。

（2）候选集算法建立倒排索引，加速算法遍历关键字对于节点的效率。

（3）算法筛选出未覆盖关键字并且赋值给变量 κ_u。

（4）算法将初始子图 G_0 的所有邻居节点存储到集合 V_c 中作为候选集，为下一步在候选集中选出最优节点做准备。

（5）判断未覆盖关键字集合中是否为空。如果未覆盖关键字集合为空，整个循环结束；如果未覆盖关键字集合不为空，则执行下面操作，选取最优节点加入初始子图。

（6）在候选集 V_c 中选出与初始子图连边最多的节点并且将节点存储到集合 V_c'，选择与初始子图最多的节点，是因为这样对整个子图的核值扩展更加有利。注意在候选集 V_c 中可能会出现与初始子图连边相同的节点，所以集合 V_c' 中节点数有可能是多个。

（7）循环判断集合 V_c' 是否为空，增加这个循环是因为当选择节点连边数和核值都最多的节点时，这个节点可能不一定包含未覆盖关键字，那么就需要循

环验证集合 V_c' 中的节点是否包含未覆盖关键字。

（8）在集合 V_c' 存在多个节点的情况下，算法选择这些节点中核值最大的节点作为最优解候选节点，选择核值最大的节点是因为该节点可以组成高核值的社交网络图。

（9）判断节点 p 包含的关键字是否有未覆盖关键字 κ_u。

（10）如果节点 p 包含的关键字中有未覆盖关键字 κ_u，则将节点 p 添加到初始子图中，从候选集 V_c 中删除节点 p 并且在未覆盖关键字集合中删除节点 p 中包含的未覆盖关键字。

（11）更新初始子图 G_0 的节点和连边，同时查询新初始子图的邻居节点且更新候选集 V_c。接下来，清空变量 p 中的节点信息并且跳出整个循环。

（12）如果节点 p 中不包含未覆盖关键字，则分别在候选集 V_c 和节点集 V_c' 中删除节点 p 并且清空变量 p 中的节点信息。然后，算法继续验证节点集 V_c' 中的其他节点是否包含未覆盖关键字。如果节点集 V_c' 中所有节点都不包含未覆盖关键字，那么算法返回（6）选择候选集 V_c 中其他节点到节点集 V_c'。循环验证所有节点是否覆盖所有查询关键字，直至查询符合查询条件的所有节点。

（13）算法最终返回 KGEC 查询结果子图 G_1 和最大核数 c_{max}。

算法 7.3　k 核分解算法
输入：社交网络图 G;
输出：核值 core。
1. 计算节点 $v \in V$ 的度数;
2. while $V \neq \varnothing$ do
3. k ← 取节点中最小度数;
4. while 存在节点 $v \in V$ 并且 $\deg(v)$ 小于等于 k do
5. core (v) ← k;
6. for 节点 u 是节点 v 的邻居节点 do
7. 从图 G 中移除连边 (u,v);

算法 7.3　k 核分解算法
8. $\deg(u) \leftarrow \deg(u) - 1$;
9. end for
10. $V \leftarrow V - v$;
11. end while
12. end while
13. 返回所有节点 v 的核值。

例 7.3：以社交网络图 7.1 为例，举例说明 CSBA 算法。根据图 7.1 社交网络图，CSBA 算法实例选择与 EGA 算法同样设置，用户给出的初始子图 $G_0 = \{A, B, C\}$，查询关键字 $K = \{k_1, k_2, k_3, k_4, k_5\}$，初始子图中的节点包含关键字 k_1 和 k_2，选择的节点必须包含剩余的 3 个关键字 k_3, k_4, k_5。在 CSBA 算法中，首先调用 k 核分解函数计算整个社交网络 G 中所有节点的核值。接下来，算法也需要如图 7.2 建立倒排索引以备用后续查询候选集中的节点关键字。如图 7.5 所示，算法将初始子图 G_0 的所有邻居节点存储到集合 V_c 中作为候选集，表中各行分别表示了 CSBA 算法候选节点集、每个节点与初始子图 G_0 的连边数、节点的核值。第一步，初始候选节点集包含的节点分别为 $V_c = \{D(1, 3), E(3, 3), F(2, 3), G(2, 2), H(3, 3), M(2, 2)\}$，算法先找出与初始子图 G_0 连边最多的节点，分别是节点 E 和 F，由于节点 E 和 H 连边数相同都是 3，算法进一步比较这两个节点的核值。因为这两个节点的核值都为 3，所以算法将两个节点都储存在节点集 V_c'。图 7.4 说明了 CSBA 算法在社交网络图中详细的选点过程。右上角的子图对应了图 7.5 中第一个表的选点过程。在节点集 V_c' 包含的两个节点 E 和 H 中：节点 E 不包含未覆盖关键字，将节点 E 从候选集 V_c 和节点集 V_c' 中删除；节点 H 包含未覆盖关键字 k_3，算法选择节点 H，初始子图更新为 $G_0 = \{A, B, C, H\}$。第二步，算法更新了候选集 V_c，加入新节点 I。图 7.5 中第二个表格分别比较了节点与子图 G_0 的连边数和核数，算法选择节点 D 和 F 储存到节点集 V_c' 中。因为节点 D 和 F 分别包含未覆盖关键字 k_5

和 k_4，所以算法按照节点排序选择节点 D。图 7.4 右下角子图对应第二步选点过程。第三步，算法更新了候选集 V_c，加入新节点 K。如图 7.5 中第三个表格所示，算法根据规则选出了节点 F，覆盖了关键字 k_4。图 7.4 左下角子图对应第三步选点过程。到此为止，所有未覆盖关键字已经全部覆盖。KGEC 查询新的子图为 $G_1 = \{A, B, C, D, F, H\}$，是一个 3 核子图，并且添加了 3 个节点。最终结果与算法 EGA 相同，但是大大地提高了检索速度。

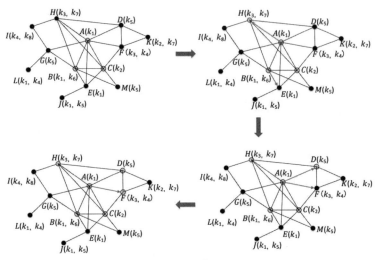

图 7.4 CSBA 算法示例图

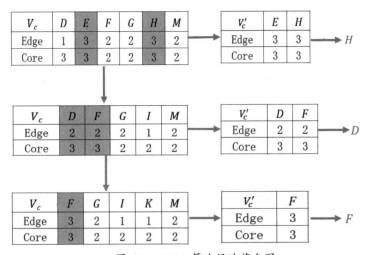

图 7.5 CSBA 算法候选节点图

五、基于候选集和属性匹配联合的属性覆盖社区搜索方法

在基于候选集算法（CSBA）中，算法每次都需要计算所有候选集节点的核和连接到初始子图的边数，然后选择最优节点并添加该节点到初始子图 G_0。候选集的选择没有考虑到节点关键字的筛选，而是将初始子图的所有邻居节点都储存在候选集中作为候选节点。在初始子图邻居节点比较多的情况下，其中很多节点是不需要作为候选集中的候选节点进行访问的。为了进一步提高检索速度，本部分提出基于候选集和属性匹配联合算法（CSKCA）来解决 KGEC 问题，该算法根据查询关键字剪枝了不包含查询关键字的邻居节点。该算法的思想同时考虑了节点与初始子图的连边数和核数。

（一）算法基本思想

通过上文提出的基于候选集算法，候选集包含了与初始子图 G_0 相连的所有邻居节点，但是当邻居节点数量较大时，其中不包含未覆盖关键字节点，初始子图的扩展毫无意义，那么算法就访问了大量的无效节点。为了解决这个问题，算法应该尽量少地访问节点，并且在每一步更新节点的过程中，减少更新节点的个数。基于候选集和关键字联合算法选取最优节点的规则如下，首先利用倒排索引取出包含所有关键字 κ_u 的节点存储在集合 V_{κ_u} 中，将初始子图 G_0 的所有邻居节点存储到集合 V_c 中，并且将两个集合相交存储到候选集 V_c^* 中。接下来，将候选集 V_c^* 中的所有节点根据关键字集合 κ_u 中关键字分成若干集合，并且每个集合中的所有关键字节点按照每个节点到初始子图 G_0 的连边数降序排列，然后边数相同的节点按照核数大小降序排列。最后，对比每个关键字节点集中第一个节点与初始子图 G_0 的连边数和核数，选择最优节点加入初始子图后删除包含该关键字的节点集并且更新其他关键字节点集。迭代执行上述操作，直到查询覆盖所有关键字的最大核子图。CSKCA 算法的伪代码如算法 7.4 所示。

算法7.4　CSKCA

输入：社交网络图 G，初始子图 G_0，查询关键字集合 K；

输出：结果子图 G_1，最大核数 c_{max}。

1. $core(v) \leftarrow$ 调用 k 核分解算法；

2. 建立倒排索引；

3. $\kappa_u \leftarrow K - \kappa_0$；

4. $V_{\kappa_u} \leftarrow$ 利用倒排索引取出包含关键 κ_u 的所有节点；

5. $V_c \leftarrow$ 初始子图 G_0 的所有邻居节点；

6. $V_c^* \leftarrow V_{\kappa_u} \cap V_c$；

7. $L \leftarrow len(\kappa_u)$；

8. **for** each $k \in \kappa_u$ **do**

9. $A_i \leftarrow$ 在集合 V_c^* 中查询包含关键字 k 的所有节点；（$1 \leqslant i \leqslant L$）；

10. $A_i^* \leftarrow$ 在集合 A_i 中的所有节点按照每个节点到初始子图 G_0 的连边数降序排列，然后连边数相同的节点按照核数大小降序排列；

11. **end for**

12. **while** $len(\kappa_u) > 0$ **do**

13. **for** each $A \in (A_1^*, ..., A_L^*)$ **do**

14. $p_i \leftarrow A[0]$；$/\!/(1 \leqslant i \leqslant L)$

15. **end for**

16. $p \leftarrow$ 查询节点 p_i 中与初始子图 G_0 的连边数最多情况下，核数最大的节点；

17. $V_0 \leftarrow V_0 - p$；

18. $\kappa_u \leftarrow \kappa_u - p \circ keyword$；

19. delete A_i^*；

20. 更新 G_0，A_i^*；

21. **end while**

22. $c_{max} \leftarrow$ 计算子图 G_0 的核数；

23. $G_1 \leftarrow G_0$；

24. 返回子图 G_1 和最大核数 c_{max}。

（二）基于候选集和属性匹配联合算法执行过程

CSKCA 输入整个社交网络图 G 、初始子图 G_0、查询关键字集合 K 并且返回 KGEC 查询搜索子图 G_1 和最大核数 c_{max}。

（1）调用 k 核分解函数，计算整个社交网络图 G 中所有节点的核值。

（2）建立倒排索引后，筛选出未覆盖关键字。

（3）利用倒排索引取出包含关键字 κ_u 的所有节点，算法将初始子图 G_0 的所有邻居节点赋值给集合 V_c。

（4）将两个集合 V_{κ_u} 和 V_c 做交集操作存储并到 V_c^* 中作为每次选点的候选集。

（5）统计出未覆盖关键字的个数赋值给变量 L，作为后续统计包含关键字节点集备用。

（6）算法设置 L 个节点集合，每个节点集对应一个未覆盖关键字。遍历整个社交网络图中的所有节点，判断是否包含当前关键字 k。如果节点不包含当前关键字，则验证下一个节点；如果节点包含当前关键字，则将节点存储到集合 A_i 中。在每个关键字节点集合 A_i 中的所有节点按照每个节点到初始子图 G_0 的连边数降序排列，然后连边数相同的节点按照核数大小降序排列，将排序好的结果存储在集合 A_i^* 中，每个集合 A_i^* 所含节点是包含一个未覆盖关键字并且按照要求降序排列的集合，换句话说，每个集合 A_i^* 中的第一个元素就是包含固定未覆盖关键字的最优解。

（7）算法循环判断所有未覆盖关键字是否都被覆盖，如果未覆盖关键字都被覆盖了，终止循环。

（8）算法循环取出每个集合 A_i^* 中第一个节点存储到变量 p_i。

（9）根据上面循环取出包含每个未覆盖关键字节点集中的最优解，算法查询节点 p_i 中与初始子图 G_0 的连边数最多的情况下，核数最大的节点，即为当前候选集 V_c^* 中最优解，将最优解赋值给变量 p。

（10）算法将最优解 p 添加到初始子图 G_0 中。

（11）最优解 p 包含的未覆盖关键字从关键字集合 κ_u 中删除，并且删除最优解 p 所在的集合 A_i^*，后续操作将不需要遍历集合 A_i^*。

（12）算法更新初始子图 G_0 的节点与其连边，并且更新其他集合 A_i^*，迭代循环上述操作，直至新子图包含所有未覆盖关键字。

（13）算法计算新的子图 G_0 的核数，并且将子图 G_0 存储到 G_1 中。

（14）最后返回 KGEC 查询结果子图 G_1 和最大核数 c_{max}。

例 7.4：在本部分，笔者同样以社交网络图 7.1 为例，详细说明 CSKCA 算法。根据图 7.1 社交网络图，CSKCA 算法实例选择与前两种算法同样设置，用户给出的初始子图 $G_0 = \{A, B, C\}$，查询关键字 $K = \{k_1, k_2, k_3, k_4, k_5\}$，初始子图中的节点包含关键字 k_1 和 k_2，选择的节点必须包含剩余的 3 个关键字 k_3, k_4, k_5。在 CSKCA 算法中，首先调用 k 核分解函数计算整个社交网络 G 中所有节点的核值。接下来，算法同样需要如图 7.2 建立倒排索引以备用后续查询候选集中节点关键字。如图 7.7 所示，在每个关键字节点集合 A_i 中的所有节点按照每个节点到初始子图 G_0 的连边数降序排列，然后连边数相同的节点按照核数大小降序排列，将排序好的结果存储在集合 A_i^* 中。算法根据未覆盖关键字分成 3 个关键字节点集分别为 $k_3 = \{H, F\}$，$k_4 = \{F\}$，$k_5 = \{G, M, D\}$，表中各行分别表示 CSKCA 算法未覆盖关键字、节点、每个节点与初始子图 G_0 的连边数、节点的核值。第一步，CSKCA 算法首先取出每个关键字节点集中的第一个节点，分别为节点 H（3，3），F（2，3），G（2，2），查询这 3 个节点中与初始子图 G_0 连边最多的节点为节点 H（3，3）。图 7.6 说明了 CSKCA 算法在社交网络图中详细的选点过程。图 7.6 右上子图对应了图 7.7 中第一个表的选点过程，第一步算法选择了节点 H，将包含关键字 k_3 的所有其他节点从候选集中删除。初始子图更新为 $G_0 = \{A, B, C, H\}$。第二步，算法更新候选集 V_c^* 中节点连边数，加入新节点 I。图 7.7 中第二个表格分别比较了节点 F 和 D 与子图 G_0 的连边数和核数，因为节点 F 和 D 的连边数和核数相同，算法根据关键字顺序，选择节点 F，将包含关键字 k_3 的所有其他节点从候选集中删除。图 7.6 右下角子图对应第二步选点过程。第三步，算法更新了候选集 V_c^* 中节点连边数。如图 7.7 中第三个表格所示，算法选出了节点 D，覆盖了关键字 k_5。图 7.6 左下角子图对应第三步选点过程。到此为止，所有未覆盖关键字已经全部覆盖。KGEC 查询新的子图为 $G_1 = \{A, B, C, D, F, H\}$，是一个 3 核子图，并且添加了 3 个节点。最终结果与前两种算法相同，但是进一步减少了更新节点数和访问节点的个数。

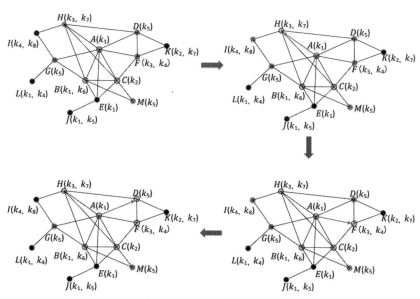

图 7.6　CSKCA 算法示例图

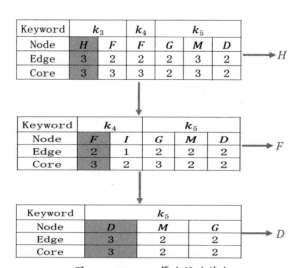

图 7.7　CSKCA 算法候选节点

（三）算法复杂度分析

在这部分，笔者分析本章提出的三种算法 EGA、CSBA、CSKCA 的时间复杂度。首先介绍 EGA 算法的时间复杂度，算法主要分为两部分：一部分是倒排索引，另一部分是枚举所有未覆盖的关键字节点集的组合。整个算法的时间复杂度为 $O\left(|V|+n^{|\kappa_u|}\right)$，其中，倒排索引的时间复杂度为 $O(|V|)$，枚举所有未覆盖的关键字节点集的组合的时间复杂度是 $O\left(n^{|\kappa_u|}\right)$。由于基于枚举法算法（EGA）的时间复杂度是指数级的，所以在数据集很大的情况下，无法在多项式时间内计算出结果。本章提出了基于候选集算法（CSBA），算法每次都在候选集中查询最优解加入初始子图，即添加与初始子图之间的连边数最多的节点。如果多个节点与初始子图之间的连边数相同，那么比较它们的核值，选出核值最大的节点作为最优解。迭代上述步骤，直至满足查询条件。基于候选集算法（CSBA）的时间复杂度为 $O\left(2|V|+|\kappa_u|\times(Q+q)\right)$，算法复杂度分为三个部分：第一部分，倒排索引的时间复杂度为 $O(|V|)$；第二部分，k 核分解的时间复杂度为 $O(|V|)$；第三部分，候选集节点选择的时间复杂度为 $O\left(|\kappa_u|\times(Q+q)\right)$，其中，$|V|$ 表示未覆盖关键字的个数，Q 表示候选集 V_c 中节点的个数，q 表示节点集 V_c' 中节点的个数。在基于候选集算法（CSBA）中，算法每次都需要计算所有候选集节点的核和连接到初始子图的边数，然后选择最优节点并添加该节点到初始子图。为了进一步提高检索速度，提出基于候选集和属性匹配联合算法（CSKCA）来解决 KGEC 问题，该算法根据查询关键字剪枝了不包含查询关键字的邻居节点。算法 CSKCA 的时间复杂度为 $O\left(2|V|+|\kappa_u|\times p^2+|\kappa_u|^2\right)$。CSKCA 算法分为四个部分：第一部分，建立倒排索引的时间复杂度为 $O(|V|)$；第二部分，k 核分解的时间复杂度为 $O(|V|)$；第三部分，每个关键字集进行排序的时间复杂度为 $O\left(|\kappa_u|\times p^2\right)$；第四部分，选择最优节点的时间复杂度为 $O\left(|\kappa_u|^2\right)$。

六、实验测试与分析

（一）实验设置

1. 实验环境

本章所有实验均在 Python 中实现相关算法在 JetBrains PyCharm 社区版 2018.3.2 上运行，实验主机采用双核 Intel Core（TM）i7-4790 处理器，主频 3.60 GHz，内存 8GB，硬盘 1TB，操作系统为 Microsoft Windows 7 Ultimate Edition。

2. 算法

本章是首次提出 KGEC 问题的工作，之前没有相关工作可以解决社交图中的 KGEC 问题。在本章中，笔者提出了三种算法来解决 KGEC 问题，即基于枚举法算法（EGA）、基于候选集算法（CSBA）和基于候选集和属性匹配联合算法（CSKCA）。

3. 数据集

本章使用了四个数据集，即 Facebook、LastFM、Cora 和 DBLP 来评估本章提出的三种算法。实验中使用的四个数据集都是无向图，数据集属性见表 7.1，数据集中列出了数据集名称、节点数量、边数量、平均度数、关键字个数。选择不同的数据集进行实验，会对实验结果的分析更有帮助。

表 7.1　数据集

数据集名称	节点数量	边数量	平均度数	关键字个数
Facebook	4,039	88,234	43.70	1,283
LastFM	7,624	27,806	7.29	1,827
Cora	2,708	5,429	4.01	1,433
DBLP	977,288	3,432,273	7.02	34,178

4. 参数设置

实验使用四个参数的不同设置进行，分别是 m（初始子图的节点数）、κ_u（未覆盖关键字个数）。参数范围如表 7.2 所示。实验将 m 的范围设置为 3—6，

将 κ_u 的范围设置为 1—4。根据不同的初始图，选择不同的 m 和 κ_u 参数。

表 7.2　数据集参数

变量	范围	缺省值
m	3, 4, 5, 6	4
κ_u	1, 2, 3, 4	2

（二）数据集中算法的有效性

在本部分，笔者验证了三种算法 EGA、CSBA 和 CSKCA 在四个数据集 Facebook、LastFM、Cora 和 DBLP 中解决 KGEC 问题的效率。从两个角度分析有效性和效率：未覆盖关键字数量和初始子图大小。首先提出基本算法 EGA，该算法枚举未覆盖查询关键字的所有节点组合。由于枚举方法的时间复杂度很高，又提出了一种基于启发式算法候选集的算法（CSBA），它使用初始子图 G_0 的邻居节点作为新子图 G_1 的候选成员。然而，为了进一步提高搜索速度，本章又设计了一种新颖的启发式算法，即基于候选集和属性匹配联合算法（CSKCA），该算法根据查询关键字对大量用户进行剪枝，而不是每次都检索所有节点。

1. 未覆盖关键字数量对效率的影响

在本部分，对三种算法在四个数据集中初始子图 G_0 包含节点数量固定的情况下，随着未覆盖关键字数量的增长对于运行时间的影响，将初始子图包含节点数分别设置为 3、4、5、6，在初始子图包含节点数固定的情况下，未覆盖关键字数量分别设置为 1、2、3、4。首先，图 7.8 中四个子图分别展示了四个数据集在初始子图包含节点数为 3 时，随着未覆盖关键字数量的增加，三种算法的运行时间的变化规律。在四个数据集中，改进算法 CSBA 和 CSKCA 运行时间明显快于基本算法 EGA，尤其随着未覆盖关键字数量增加时，基本算法 EGA 运行时间增加比较明显。在四个数据集中，随着数据集包含的节点数增加，基本算法 EGA 运行时间增加比较明显，因为算法 EGA 采用的策略是枚举法，随着数据集的增大，未覆盖关键字的节点集数量增大，需要验证的组合数呈指数级增加。

在所有数据中，算法 CSKCA 的策略对于进一步提高搜索速度也有效果，正如预期的那样，它在相同条件下的运行速度比 CSBA 快。算法 CSBA 和 CSKCA 随着未覆盖关键字的增加，运行速度也会相应增加，但是随着数据集大小的增加，两种算法的运行时间并没有太大的变化，而是取决于每个数据集的平均度数。随着平均度数的增加，两种算法的运行时间会增加。这是因为两种算法每次添加的节点都是从候选集中选取的，候选集中的节点都是初始子图的邻居节点，所以当邻居节点较多的情况下，需要访问的节点数就比较多，运行时间相对来说就会增加。图 7.9、图 7.10 和图 7.11 分别代表在初始子图包含 4、5 和 6 个节点的情况下，四个数据集中随着未覆盖关键字数量的增加，三种算法的运行时间。三种算法的运行时间在初始子图包含节点个数为 4、5 和 6 时，跟初始子图节点数为 3 时的走向基本相同，改进算法 CSBA 和 CSKCA 运行时间明显快于基本算法 EGA。随着未覆盖关键字数量的增加，基本算法 EGA 运行时间增加比较明显，但是算法 CSBA 和 CSKCA 运行时间增长速度并不快。在初始子图节点增加的情况下，三种算法运行时间会增加，因为在节点增加以后，候选集节点数量会有所增加。

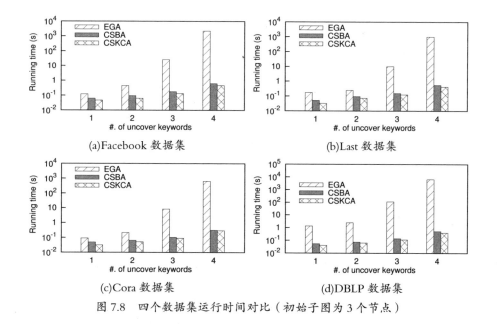

图 7.8 四个数据集运行时间对比（初始子图为 3 个节点）

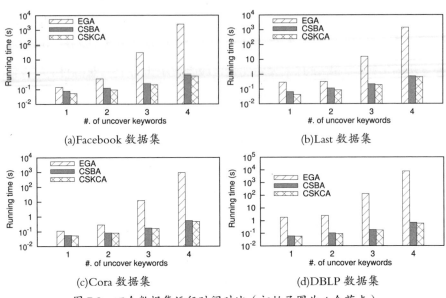

图 7.9 四个数据集运行时间对比（初始子图为 4 个节点）

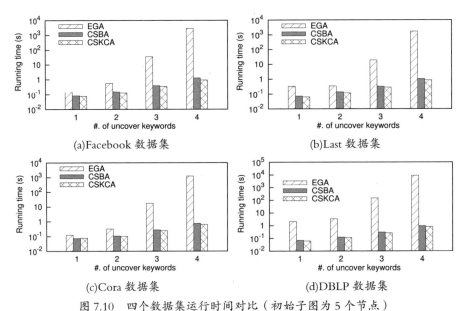

图 7.10 四个数据集运行时间对比（初始子图为 5 个节点）

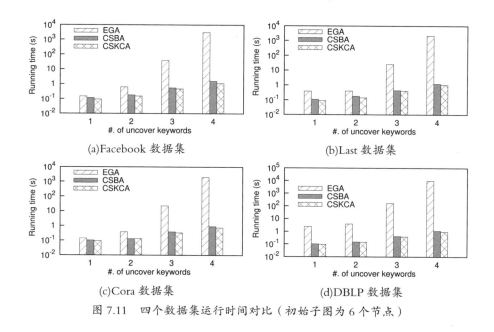

图 7.11　四个数据集运行时间对比（初始子图为 6 个节点）

2. 初始子图大小对效率的影响

在本部分，对三种算法在四个数据集中未覆盖关键字数量固定的情况下，观察随着初始子图 G_0 包含节点数的增长，对于运行时间的影响，将未覆盖关键字数量分别设置为 1、2、3、4。在未覆盖关键字固定的情况下，初始子图包含节点数分别设置为 3、4、5、6。首先，图 7.12 中四个子图分别展示了四个数据集在未覆盖关键字个数为 1 时，随着初始子图包含节点数的增加，三种算法的运行时间的变化规律。在四个数据集中，改进算法 CSBA 和 CSKCA 运行时间明显快于基本算法 EGA，但是随着初始子图包含节点数增加，三种算法在运行时间上增长得并不明显。根据数据集的大小，三种算法的运行速度有所变化，数据集大的运行时间更长。在数据集 DBLP 中，算法 EGA 运行时间比其他三个数据集运行时间长，但是算法 CSBA 和 CSKCA 在四个数据集中的运行时间相差不大。实验结果证明：算法 EGA 更容易受到数据集大小的影响，因为算法 EGA 采用的策略是枚举法，随着数据集的增大，未覆盖关键字的节点集数量增大，需要验证的组合数呈指数级增加。对于算法 CSBA 和 CSKCA 的策略是，从候选集中选取节点每次添加到初始子图中，而且候选集中的节点都是初始子图中的邻居节点，所以两种算法运行速度的快慢往往取决于数据集中平均度数的大小。随着平均度数的增加，两种算法的运行时间会增加。图7.13、图7.14和图7.15分别代表在未覆盖关键字个数为2、3和4的情况下，四个数据集中随着初始子图包含节点数量增加，三种算法运行时间的变化趋势。当三种算法的运行时间在未覆盖关键字个数为3、4、5时，三种算法的运行时间都有增加。其中，算法EGA运行时间增长的速度更快，因为随着未覆盖关键字的增加，算法EGA中的组合会呈指数级增加，所以运行时间会呈倍数增长。算法CSBA和CSKCA运行时间并未随着未覆盖关键字增加呈指数级增加，因为两种算法能在候选集中快速选择出包含未覆盖关键字的节点，在将节点加入初始子图后，候选集中的节点可以快速更新。实验结果表明：在未覆盖关键字数量确定的情况下，算法EGA的运行速度会随着数据集大小而变化，算法CSBA和CSKCA的运行速度与数据集中节点的平均度数有关。

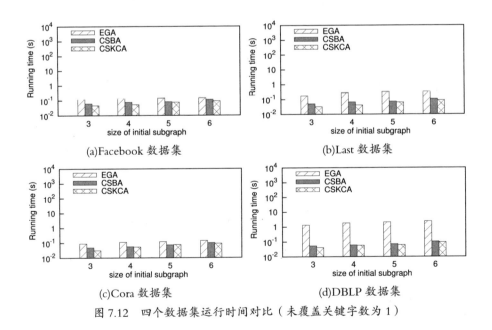

图7.12　四个数据集运行时间对比（未覆盖关键字数为1）

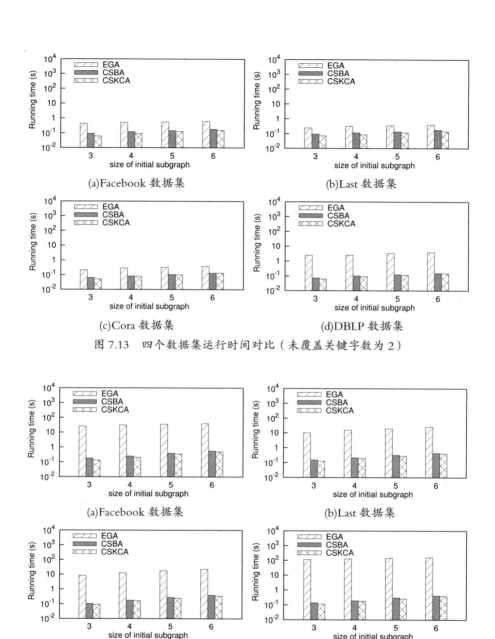

(a)Facebook 数据集

(b)Last 数据集

(c)Cora 数据集

(d)DBLP 数据集

图 7.13　四个数据集运行时间对比（未覆盖关键字数为 2）

(a)Facebook 数据集

(b)Last 数据集

(c)Cora 数据集

(d)DBLP 数据集

图 7.14　四个数据集运行时间对比（未覆盖关键字数为 3）

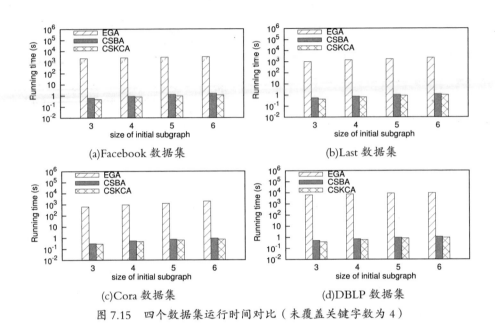

(a)Facebook 数据集   (b)Last 数据集

(c)Cora 数据集   (d)DBLP 数据集

图 7.15　四个数据集运行时间对比（未覆盖关键字数为 4）

/ 小结 /

　　基于属性图的社区搜索已广泛应用于社交网络、学术交流和商业合作。在本章中，笔者形式化定义了属性覆盖的最大核社区搜索（KGEC）问题，旨在查询可以联合覆盖关键字及最大核心的社区。为了解决这个问题，笔者设计了一个基本算法，即枚举法算法（EGA），它枚举覆盖剩余查询关键字的所有节点组合，该算法的时间复杂度是指数级的。本章又提出了两种启发式算法，即基于候选集算法（CSBA）和基于候选集和属性匹配联合算法（CSKCA），可以有效地提高搜索速度并查询可行的解决方案。最后，笔者评估了提出的算法在四个真实数据集上的性能，并展示了算法对 KGEC 问题的有效性和效率。

参考文献

［1］Zhou Z, Zhang F, Lin X, et al. K-core Maximization Through Edge Additions ［J］. arXiv preprint arXiv:1906.12334, 2019.

［2］Chitnis R, Talmon N. Can We Create Large K-cores by Adding Few Edges? ［C］//International Computer Science Symposium in Russia. Springer, 2018: 78-89.

［3］Tsatsanifos G, Vlachou A. On Processing Top-k Spatio-textual Preference Queries. ［C］// EDBT. 2015: 433-444.

［4］ Palla G, Der é nyi I, Farkas I, et al. Uncovering the Overlapping Community Structure of Complex Networks in Nature and Society ［J］. Nature, 2005, 435(7043): 814-818.

［5］Fang Y, Huang X, Qin L, et al. A Survey of Community Search over Big Graphs ［J］. The VLDB Journal, 2020, 29(1): 353-392.

［6］Kang C, Kraus S, Molinaro C, et al. Diffusion Centrality: A Paradigm to Maximize Spread in Social Networks ［J］. Artificial Intelligence, 2016, 239: 70-96.

［7］Zhang F, Zhang W, Zhang Y, et al. Olak: An Efficient Algorithm to Prevent Unraveling in Social Networks ［J］. Proceedings of the VLDB Endowment, 2017, 10(6): 649-660.

［8］Zhang F, Zhang Y, QIN L, et al. Efficiently Reinforcing Social Networks over User Engagement and Tie Strength ［C］// 2018 IEEE 34th International Conference on

Data Engineering (ICDE), 2018: 557–568.

［9］Fang Y, Cheng R, Luo S, et al. Effective Community Search for Large Attributed Graphs［J］. Proceedings of the VLDB Endowment, 2016, 9(12): 1233–1244.

［10］Huang X, Lakshmanan L V. Attribute–driven Community Search［J］. Proceedings of the VLDB Endowment, 2017, 10(9): 949–960.

［11］Zhang Z, Huang X, Xu J, et al. Keyword–centric Community Search［C］//2019 IEEE 35th International Conference on Data Engineering (ICDE). IEEE, 2019: 422–433.

［12］竺俊超, 王朝坤. 复杂条件下的社区搜索方法［J］. 软件学报, 2019, 30（3）: 552—572.

［13］Li R H, Qin L, Yu J X, et al. Influential Community Search in Large Networks［J］. Proceedings of the VLDB Endowment, 2015, 8(5): 509–520.

［14］Yang B, Wen D, Qin L, et al. Index–based Optimal Algorithm for Computing K–cores in Large Uncertain Graphs［C］//2019 IEEE 35th International Conference on Data Engineering (ICDE). IEEE, 2019: 64–75.

［15］Giatsidis C, Thilikos D M, Vazirgiannis M. D–cores: Measuring Collaboration of Directed Graphs Based on Degeneracy［J］. Knowledge and Information Systems, 2013, 35(2): 311–343.

［16］Sozio M, Gionis A. The community–search Problem and How to Plan a Successful Cocktail Party［C］//Proceedings of the 16th ACM SIGKDD International Conference on Knowledge Discovery and Data Mining. 2010: 939–948.

［17］Cui W, Xiao Y, Wang H, et al. Local Search of Communities in Large Graphs［C］// Proceedings of the 2014 ACM SIGMOD International Conference on Management of data. 2014: 991–1002.

［18］Barbieri N, Bonchi F, Galimberti E, et al. Efficient and Effective Community Search［J］. Data Mining and Knowledge Discovery, 2015, 29(5): 1406–1433.

［19］Akbas E, Zhao P. Truss–based Community Search: A Truss–equivalence Based Indexing Approach［J］. Proceedings of the VLDB Endowment, 2017, 10(11):

1298–1309.

［20］Li J, Ma H, Li Q, et al. A two–stage Community Search Method Based on Seed Replacement and Joint Random Walk［C］//2021 International Joint Conference on Neural Networks (IJCNN). IEEE, 2021: 1–7.

［21］Rai N, Lian X. Top–k Community Similarity Search over Large Road–network Graphs［C］//2021 IEEE 37th International Conference on Data Engineering (ICDE). IEEE, 2021: 2093–2098.

［22］Shaker Y O, Yousri D, Osama A, et al. Optimal Charging/discharging Decision of Energy Storage Community in Grid–connected Microgrid Using Multi–objective Hunger Game Search Optimizer［J］. IEEE Access, 2021, 9: 120774–120794.

［23］Guo F, Yuan Y, Wang G, et al. Multi–attributed Community Search in Road–social Networks ［C］//2021 IEEE 37th International Conference on Data Engineering (ICDE). IEEE, 2021: 109–120.

［24］Shang J, Wang C, Wang C, et al. An Attribute–based Community Search Method with Graph Refining［J］. The Journal of Supercomputing, 2020, 76(10): 7777–7804.

［25］Tsalouchidou I, Bonchi F, Baeza–Yates R. Adaptive Community Search in Dynamic Networks［C］//2020 IEEE International Conference on Big Data (Big Data). IEEE, 2020: 987– 995.

［26］Wang C, Wang H, Chen H, et al. Attributed Community Search Based on Effective Scoring Function and Elastic Greedy Method［J］. Information Sciences, 2021, 562: 78–93.

［27］Bonchi F, Severini L, Sozio M. Better Fewer but Better: Community Search with Outliers ［J］. arXiv preprint arXiv:2012.00356, 2020.

［28］Sun H, Huang R, Jia X, et al. Community Search for Multiple Nodes on Attribute Graphs［J］. Knowledge–Based Systems, 2020, 193: 105393.

［29］Javaid N, Khan K U, Khattak A M, et al. Community Search in a Multi–attributed Graph Using Collaborative Similarity Measure and Node Filtering［C］

//2021 15th International Conference on Ubiquitous Information Management and Communication (IMCOM). IEEE, 2021: 1–8.

［30］Kim J, Guo T, Feng K, et al. Densely Connected User Community and Location Cluster Search in Location-based Social Networks［C］//Proceedings of the 2020 ACM SIGMOD International Conference on Management of Data. 2020: 2199– 2209.

［31］Gao J, Chen J, Li Z, et al. Ics-gnn: Lightweight Interactive Community Search via Graph Neural Network［J］. Proceedings of the VLDB Endowment, 2021, 14(6): 1006–1018.

［32］Wang K, Zhang W, Lin X, et al. Efficient and Effective Community Search on Large-scale Bipartite Graphs［C］//2021 IEEE 37th International Conference on Data Engineering (ICDE). IEEE, 2021: 85–96.

［33］Luo W, Zhou X, Yang J, et al. Efficient Approaches to Top-r Influential Community Search ［J］. IEEE Internet of Things Journal, 2020, 8(16): 12650–12657.

［34］Wu Y, Zhao J, Sun R, et al. Efficient Personalized Influential Community Search in Large Networks［J］. Data Science and Engineering, 2021: 1–13.

［35］Anwar M M. Query-oriented Temporal Active Intimate Community Search［C］//Australasian Database Conference. Springer, 2020: 206–215.

［36］Fang Y, Yang Y, Zhang W, et al. Effective and Efficient Community Search over Large Heterogeneous Information Networks［J］. Proceedings of the VLDB Endowment, 2020, 13(6): 854–867.

［37］Jian X, Wang Y, Chen L. Effective and Efficient Relational Community Detection and Search in Large Dynamic Heterogeneous Information Networks［J］. Proceedings of the VLDB Endowment, 2020, 13(10): 1723–1736.

［38］Fang Y, Wang Z, Cheng R, et al. Effective and Efficient Community Search over Large Directed Graphs［J］. IEEE Transactions on Knowledge and Data Engineering, 2018, 31(11): 2093–2107.

［39］Huang X, Cheng H, Qin L, et al. Querying K-truss Community in Large and Dynamic Graphs ［C］//Proceedings of the 2014 ACM SIGMOD International Conference on Management of Data. 2014: 1311–1322.

［40］Huang X, Lakshmanan L V, Yu J X, et al. Approximate Closest Community Search in Networks ［J］. arXiv preprint arXiv:1505.05956, 2015.

［41］Cui W, Xiao Y, Wang H, et al. Online Search of Overlapping Communities ［C］//Proceedings of the 2013 ACM SIGMOD International Conference on Management of Data. 2013: 277–288.

［42］单菁, 申德荣, 寇月, 等. 基于重叠社区搜索的传播热点选择方法［J］. 软件学报, 2017, 28（2）: 326—340.

［43］Yuan L, Qin L, Zhang W, et al. Index–based Densest Clique Percolation Community Search in Networks ［C］//2019 IEEE 35th International Conference on Data Engineering (ICDE). IEEE, 2019: 2161–2162.

［44］Das B C, Anwar M M, Bhuiyan M A A, et al. Attribute Driven Temporal Active Online Community Search ［J］. IEEE Access, 2021, 9: 93976–93989.

［45］Chen L, Liu C, Liao K, et al. Contextual Community Search over Large Social Networks ［C］// 2019 IEEE 35th International Conference on Data Engineering (ICDE). IEEE, 2019: 88–99.

［46］Matsugu S, Shiokawa H, Kitagawa H. Fast Algorithm for Attributed Community Search ［J］. Journal of Information Processing, 2021, 29: 188–196.

［47］Luo J, Cao X, Xie X, et al. Best Co–located Community Search in Attributed Networks ［C］// Proceedings of the 28th ACM International Conference on Information and Knowledge Management. 2019: 2453–2456.

［48］Dong Z, Huang X, Yuan G, et al. Butterfly–core Community Search over Labeled Graphs ［J］. arXiv preprint arXiv:2105.08628, 2021.

［49］Li Q, Ma H, Li J, et al. Incorporating User Preference into Multi–community and Outliers Search ［C］//2021 International Joint Conference on Neural Networks (IJCNN). IEEE, 2021: 1–8.

［50］Islam M S, Ali M E, Kang Y B, et al. Keyword Aware Influential Community

Search in Large Attributed Graphs［J］. Information Systems, 2021: 101914.

［51］Qiao L, Zhang Z, Yuan Y, et al. Keyword-centric Community Search over Large Heterogeneous Information Networks［C］//International Conference on Database Systems for Advanced Applications. Springer, 2021: 158-173.

［52］Luo J, Cao X, Xie X, et al. Efficient Attribute-constrained Co-located Community Search ［C］//2020 IEEE 36th International Conference on Data Engineering (ICDE). IEEE, 2020: 1201-1212.

［53］Xie X, Song M, Liu C, et al. Effective Influential Community Search on Attributed Graph［J］. Neurocomputing, 2021, 444: 111-125.

［54］Matsugu S, Shiokawa H, Kitagawa H. Flexible Community Search Algorithm on Attributed Graphs ［C］//Proceedings of the 21st International Conference on Information Integration and Web-based Applications & Services. 2019: 103-109.

［55］Xie X, Liu C, Zhang J, et al. Influential attribute community search ［C］//2019 IEEE 21st International Conference on High Performance Computing and Communications; IEEE 17th International Conference on Smart City; IEEE 5th International Conference on Data Science and Systems (HPCC/SmartCity/DSS). IEEE, 2019: 2630-2636.

［56］Al-Baghdadi A, Lian X. Topic-based Community Search over Spatial-social Networks［J］. Proceedings of the VLDB Endowment, 2020, 13(12): 2104-2117.

［57］Liu Q, Zhao M, Huang X, et al. Truss-based Community Search over Large Directed Graphs ［C］//Proceedings of the 2020 ACM SIGMOD International Conference on Management of Data. 2020: 2183-2197.

［58］Zhu Y, He J, Ye J, et al. When Structure Meets Keywords: Cohesive Attributed Community Search ［C］//Proceedings of the 29th ACM International Conference on Information & Knowledge Management. 2020: 1913-1922.

［59］Liu Q, Zhu Y, Zhao M, et al. Vac: Vertex-centric Attributed Community Search ［C］//2020 IEEE 36th International Conference on Data Engineering (ICDE). IEEE, 2020: 937-948.

［60］Seidman S B. Network Structure and Minimum Degree ［J］. Social Networks, 1983, 5(3): 269–287.

［61］Ma Y L, Yuan Y, Zhu F D, et al. Who Should be Invited to My Party: A Size–constrained K–core Problem in Social Networks ［J］. Journal of Computer Science and Technology, 2019, 34 (1): 170–184.

［62］Wang J, Cheng J. Truss Decomposition in Massive Networks ［J］. arXiv preprint arXiv:1205.6693, 2012.

［63］Chang L. Efficient Maximum Clique Computation over Large Sparse Graphs ［J］. Proceedings of the 25th ACM SIGKDD International Conference on Knowledge Discovery & Data Mining, 2019: 529–538.

［64］Khaouid W, Barsky M, Srinivasan V, et al. K–core Decomposition of Large Networks on a Single PC ［J］. Proceedings of the VLDB Endowment, 2015, 9(1): 13–23.

［65］Cheng J, Ke Y, Chu S, et al. Efficient Core Decomposition in Massive Networks ［C］//2011 IEEE 27th International Conference on Data Engineering. 2011: 51–62.

［66］Wen D, Qin L, Zhang Y, et al. I/O Efficient Core Graph Decomposition at Web Scale ［J］. 2016 IEEE 32nd International Conference on Data Engineering (ICDE), 2016: 133–144.

［67］Montresor A, De Pellegrini F, Miorandi D. Distributed K–core Decomposition ［J］. IEEE Transactions on Parallel and Distributed Systems, 2012, 24(2): 288–300.

［68］Tripathy A, Hohman F, Chau D H, et al. Scalable K–core Decomposition for Static Graphs Using a Dynamic Graph Data Structure ［J］. 2018 IEEE International Conference on Big Data (Big Data), 2018: 1134–1141.

［69］Saríyüce A E, Gedik B, Jacques–Silva G, et al. Streaming Algorithms for K–core Decomposition ［J］. Proceedings of the VLDB Endowment, 2013, 6(6): 433–444.

［70］Batagelj V, Zaversnik M. An o (m) Algorithm for Cores Decomposition of Networks ［J］. arXiv preprint cs/0310049, 2003.

［71］Sarfyüce A E, Gedik B, Jacques-Silva G, et al. Incremental K-core Decomposition: Algorithms and Evaluation ［J］. The VLDB Journal, 2016, 25(3): 425-447.

［72］Chu D, Zhang F, Lin X, et al. Finding the Best K in Core Decomposition: A Time and Space Optimal Solution ［C］. 2020 IEEE 36th International Conference on Data Engineering (ICDE), 2020: 685-696.

［73］Caliò A, Tagarelli A, Bonchi F. Cores Matter? An Analysis of Graph Decomposition Effects on Influence Maximization Problems ［J］. 12th ACM Conference on Web Science, 2020: 184-193.

［74］Aksu H, Canim M, Chang Y C, et al. Distributed k-core View Materialization and Maintenance for Large Dynamic Graphs ［J］. IEEE Transactions on Knowledge and Data Engineering, 2014, 26(10): 2439-2452.

［75］Li R H, Yu J X, Mao R. Efficient Core Maintenance in Large Dynamic Graphs ［J］. IEEE Transactions on Knowledge and Data Engineering, 2013, 26(10): 2453-2465.

［76］Zhang Y, Yu J X, Zhang Y, et al. A Fast Order-based Approach for Core Maintenance ［C］. 2017 IEEE 33rd International Conference on Data Engineering (ICDE), 2017: 337-348.

［77］Jin H, Wang N, Yu D, et al. Core Maintenance in Dynamic Graphs: A Parallel Approach Based on Matching ［J］. IEEE Transactions on Parallel and Distributed Systems, 2018, 29(11): 2416-2428.

［78］Liu S, Jiang C, Lin Z, et al. Identifying Effective Influencers Based on Trust for Electronic Word-of-mouth Marketing: A Domain-aware Approach ［J］. Information Sciences, 2015, 306: 34-52.

［79］Hua Q S, Shi Y, Yu D, et al. Faster Parallel Core Maintenance Algorithms in Dynamic Graphs ［J］. IEEE Transactions on Parallel and Distributed Systems, 2019,

31(6): 1287–1300.

［80］Liu B, Zhang F. Incremental Algorithms of the Core Maintenance Problem on Edge–weighted Graphs ［J］. IEEE Access, 2020, 8: 63872–63884.

［81］Kempe D, Kleinberg J, Tardos É. Maximizing the Spread of Influence Through a Social Network ［J］. Proceedings of the Ninth ACM SIGKDD International Conference on Knowledge Discovery and Data Mining, 2003: 137–146.

［82］Bhawalkar K, Kleinberg J, Lewi K, et al. Preventing Unraveling in Social Networks: The Anchored K–core Problem ［J］. SIAM Journal on Discrete Mathematics, 2015, 29(3): 1452– 1475.

［83］Doytsher Y, Galon B, Kanza Y. Querying Geo–social Data by Bridging Spatial Networks and Social Networks ［J］. Proceedings of the 2nd ACM SIGSPATIAL International Workshop on Location Based Social Networks, 2010: 39–46.

［84］Li Y, Chen R, Xu J, et al. Geo–social K–cover Group Queries for Collaborative Spatial Computing ［J］. IEEE Transactions on Knowledge and Data Engineering, 2015, 27(10): 2729–2742.

［85］Zhang F, Zhang Y, Qin L, et al. When Engagement Meets Similarity: Efficient (k, r)–core Computation on Social Networks ［J］. arXiv preprint arXiv:1611.03254, 2016.

［86］Fang Q, Sang J, Xu C, et al. Topic–sensitive Influencer Mining in Interest–based Social Media Networks via Hypergraph Learning ［J］. IEEE Transactions on Multimedia, 2014, 16(3): 796–812.

［87］Hu J, Wu X, Cheng R, et al. Querying Minimal Steiner Maximum–connected Subgraphs in Large Graphs ［C］//Proceedings of the 25th ACM International on Conference on Information and Knowledge Management. 2016: 1241–1250.

［88］Chen H, Jin H. Finding and Evaluating the Community Structure in Semantic Peer–to–peer Overlay Networks ［J］. Science China Information Sciences, 2011, 54(7): 1340–1351.

［89］Chen Y, Xu J, Xu M. Finding Community Structure in Spatially Constrained

Complex Networks [J] . International Journal of Geographical Information Science, 2015, 29(6): 889–911.

[90] Expert P, Evans T S, Blondel V D, et al. Uncovering Space–independent Communities in Spatial Networks [J] . Proceedings of the National Academy of Sciences, 2011, 108(19): 7663– 7668.

[91] Fortunato S. Community Detection in Graphs [J] . Physics Reports, 2010, 486(3–5): 75–174.

[92] Khan B S, Niazi M A. Network Community Detection: A Review and Visual Survey [J] . arXiv preprint arXiv:1708.00977, 2017.

[93] Lancichinetti A, Fortunato S. Limits of Modularity Maximization in Community Detection [J] . Physical Review E, 2011, 84(6): 066122.

[94] Planti é M, Crampes M. Survey on Social Community Detection [M] // Social Media Retrieval. Springer, 2013: 65–85.

[95] Ruan Y, Fuhry D, Parthasarathy S. Efficient Community Detection in Large Networks Using Content and Links [C] //Proceedings of the 22nd International Conference on World Wide Web. 2013: 1089–1098.

[96] Kargar M, An A. Keyword Search in Graphs: Finding R–cliques [J] . Proceedings of the VLDB Endowment, 2011, 4(10): 681–692.

[97] Sachan M, Contractor D, Faruquie T A, et al. Using Content and Interactions for Discovering Communities in Social Networks [C] //Proceedings of the 21st International Conference on World Wide Web. 2012: 331–340.

[98] Yang J, Mcauley J, Leskovec J. Community Detection in Networks with Node Attributes [C] //2013 IEEE 13th International Conference on Data Mining. IEEE, 2013: 1151–1156.

[99] Yang X, Wang Y, Wang B, et al. Local Filtering: Improving the Performance of Approximate Queries on String Collections [C] //Proceedings of the 2015 ACM SIGMOD International Conference on Management of Data. 2015: 377–392.

[100] Guo Z, Yu K, Li Y, et al. Deep Learning–embedded Social Internet of

Things for Ambiguity-aware Social Recommendations [J]. IEEE Transactions on Network Science and Engineering, 2021.

[101] Zeng W, Guo Z, Shen Y, et al. Data-driven Management for Fuzzy Sewage Treatment Processes Using Hybrid Neural Computing [J]. Neural Computing and Applications, 2021: 1-14.

[102] Zhao L, Liu Y, Al-Dubai A Y, et al. A Novel Generation-adversarial-network-based Vehicle Trajectory Prediction Method for Intelligent Vehicular Networks [J]. IEEE Internet of Things Journal, 2020, 8(3): 2066-2077.

[103] Zhao L, Yang K, Tan Z, et al. Vehicular Computation Offloading for Industrial Mobile Edge Computing [J]. IEEE Transactions on Industrial Informatics, 2021.

[104] Zhao L, Zhao W, Hawbani A, et al. Novel Online Sequential Learning-based Adaptive Routing for Edge Software-defined Vehicular Networks [J]. IEEE Transactions on Wireless Communications, 2020, 20(5): 2991-3004.

[105] Fang Y, Cheng R, Chen Y, et al. Effective and Efficient Attributed Community Search [J]. The VLDB Journal, 2017, 26(6): 803-828.

[106] Fang Y, Cheng R. On Attributed Community Search [C] //International Workshop on Mobility Analytics for Spatio-temporal and Social Data. Springer, 2017: 1-21.

[107] Yu D, Zhang L, Luo Q, et al. Fast Skyline Community Search in Multi-valued Networks [J]. Big Data Mining and Analytics, 2020, 3(3): 171-180.

[108] Cohen J. Trusses: Cohesive Subgraphs for Social Network Analysis [J]. National Security Agency Technical Report, 2008, 16(3.1).

[109] Matsugu S, Shiokawa H, Kitagawa H. Fast and Accurate Community Search Algorithm for Attributed Graphs [C] //International Conference on Database and Expert Systems Applications. Springer, 2020: 233-249.

[110] Liu B, Zhang F, Zhang W, et al. Efficient Community Search with Size Constraint [C] // 2021 IEEE 37th International Conference on Data Engineering (ICDE).

IEEE, 2021: 97–108.

[111] Shan J, Shen D, Nie T, et al. Searching Overlapping Communities for Group Query [J] . World Wide Web, 2016, 19(6): 1179–1202.

[112] Li R H, Qin L, Ye F, et al. Skyline Community Search in Multi–valued Networks [C] // Proceedings of the 2018 International Conference on Management of Data. 2018: 457–472.

[113] Chen L, Liu C, Zhou R, et al. Maximum Co–located Community Search in Large Scale Social Networks [J] . Proceedings of the VLDB Endowment, 2018, 11(10): 1233–1246.

[114] Obar J A, Wildman S. Social Media Definition and the Governance Challenge: An Introduction to the Special Issue [J] . Telecommunications Policy, 2015, 39(9): 745–750.

[115] Boyd D M, Ellison N B. Social Network Sites: Definition, History, and Scholarship [J] . Journal of Computer - mediated Communication, 2007, 13(1): 210–230.

[116] Mlaïki A, Walsh I, Kalika M. Why Do We Continue Using Social Networking Sites? The Giving Loop That Feeds Computer–mediated Social Ties [J] . Systèmesd'information et Management, 2017, 22(2): 5–47.

[117] Joseph R. Touch Me—Feel Me—Feed Me—Kiss Me! [M] //The Naked Neuron: Evolution and the Languages of the Body and Brain. Boston, MA: Springer US, 1993: 71–98.

[118] Huang X, Lakshmanan L V S, Xu J, et al. Community Search over Big Graphs [M] . San Rafael: Morgan & Claypool Publishers, 2019.

[119] Wu Y, Jin R, Li J, et al. Robust Local Community Detection: On Free Rider Effect and Its Elimination [J] . Proceedings of the VLDB Endowment, 2015, 8(7): 798–809.

[120] Leskovec J, Mcauley J. Learning to Discover Social Circles in Ego Networks [J] . Advances in Neural Information Processing Systems, 2012, 25.

[121] Huang X, Cheng H, Li R H, et al. Top-k Structural Diversity Search in Large Networks [J]. Proceedings of the VLDB Endowment, 2013, 6(13): 1618-1629.

[122] Hopcroft J. E, Ullman J. D, Aho A. V. Data Structures and Algorithms [M]. Boston, MA, USA: Addison-wesley, 1983.

[123] Fang Y, Cheng R, Li X, Luo S, and Hu J. Effective Community Search over Large Spatial Graphs [J]. PVLDB, 2017,10(6): 709-720.

[124] Wang K, Cao X, Lin X, Zhang W, and Qin . Efficient Computing of Radius-bounded K-cores [C]. In ICDE, 2018: 233-244.

[125] Zhu Q, Hu H, Xu C, Xu J, and Lee W. C. Geo-social Group Queries with Minimum Acquaintance Constraints [J]. The VLDB Journal, 2017, 26(5):709-727.

[126] Elzinga J, and Hearn D. W . Geometrical Solutions for Some Minimax Location Problems [J]. Transportation Science, 1972, 6(4): 379-394.

[127] Guo T, Cao X, and Cong G. Efficient Algorithms for Answering the M-closest Keywords Query [C]. In SIGMOD, 2015, 405-418, .

[128] Chen S, Wei R, Popova D, and Thomo A. Efficient Computation of Importance Based Communities in Web-scale Networks Using a Single Machine [C]. In CIKM, 2016, 1553-1562.

[129] Bi F, Chang L, Lin X, and Zhang W. An Optimal and Progressive Approach to Online Search of Top-k Influential Communities [J]. PVLDB, 2018, 11(9): 1056-1068.

[130] Li RH, Qin L, Yu J X, and Mao R. Finding Influential Communities in Massive Networks [J]. The VLDB Journal, 2017, 26(6): 751-776.